Animal Creation
Von der Tierkommunikation zur Co-Kreation

Inspirierendes Praxisbuch

von Sonja Neuroth (Hrsg.),
Kirsten Jeude,
Rabea Groß,
Romana Rohrer,
Birgit Huber,
Kerstin Michels,
Regina Kubik,
Lara Pauly

Copyright © 2022
Seelenfreunde Tierakademie UG (haftungsbeschränkt)
Kantorie 75
D-45134 Essen
office@seelenfreunde-tierakademie.com
https://seelenfreunde-tierakademie.com

Texte: Sonja Neuroth (Hrsg.), Kirsten Jeude, Rabea Groß, Romana Rohrer, Birgit Huber, Kerstin Michels, Regina Kubik, Lara Pauly

Alle Rechte vorbehalten.
Umschlaggestaltung: Sonja Neuroth
Illustrationen: Sonja Neuroth
Fotos: Privat

2. Auflage: Februar 2024

Verlagslabel: Seelenfreunde Tierakademie
ISBN Softcover: 978-3-384-15929-8
ISBN Hardcover: 978-3-384-15930-4

Druck und Distribution im Auftrag des Autors:
tredition GmbH, Halenreie 40-44, 22359 Hamburg, Germany

WIDMUNG

Dieses Buch ist für all die wundervollen Tierwesen geschrieben, die uns schon auf unserem Weg begleitet haben und noch begleiten werden. Danke, dass ihr uns immer wieder dazu einladet, das Leben mit Leichtigkeit zu sehen und ganz authentisch wir selbst zu sein - komme, was wolle!

Danke, dass ihr uns Menschen niemals aufgegeben habt, auch wenn wir eure Botschaften teilweise nicht - oder erst viel später - gehört haben.

INHALTSVERZEICHNIS

Vorwort / Einleitung

Wir freuen uns, dass du dieses Buch gefunden hast - oder es dich?!

Es ist in Kooperation zwischen Sonja Neuroth und einigen Absolventinnen der Animal Creation Ausbildung zum Mensch-Tier Coach[1] entstanden. Hier schreiben also gleich mehrere Tierexpertinnen für dich, um ihr Wissen aus Bereichen wie ganzheitlicher Tiergesundheit, Tierkommunikation, Mensch-Tier Beziehung, Achtsamkeit mit dir selbst und deinem Tier sowie Trauerbegleitung zu teilen.

Das Buch enthält aber nicht nur Wissen, sondern auch viele persönliche Geschichten und Beispiele. Immerhin haben wir einen Teil unseres Erfahrungsschatzes eben nicht aus Büchern, sondern durch das Zusammenleben mit unseren Tieren selbst erfahren. Sie sind auch der Grund dafür, dass es dieses Buch überhaupt gibt, denn ohne sie hätten wir uns niemals auf die Suche nach neuen Methoden und Wegen mit Tieren gemacht!

Uns ist wichtig, dass auch du deine eigenen Erfahrungen mit den Tieren sammeln kannst und dass du unsere Informationen gleich für dich selbst ausprobieren kannst. Wir würden gerne dazu beitragen, dass sich tatsächlich etwas für dich und dein/e Tiere/e verändert und du vielleicht auch zur gesamten Tierwelt eine noch vertrauensvollere Beziehung aufbauen kannst. Daher findest du in jedem Kapitel zusätzlich eine kleine Übung, die du gleich ausprobieren kannst.

Außerdem hat dieses Buch zusätzlich einen kostenlosen internen Online Mitgliederbereich (nur für Käufer des Buchs), in dem wir dir noch zusätzliche Übungen, z.B. im Audio-Format, zur Verfügung stellen. Diese gehen noch etwas mehr in die Tiefe als

---

[1] Mehr Infos zu Animal Creation findest du auf https://animalcreation.com

wir es in diesem Buch tun könnten - und wenn du ein „Anfänger" bist oder unsere Arbeit noch nicht so gut kennst, bekommst du dort auch noch eine allgemeine Einführung zu den Audios und wie du dich innerlich für die Wahrnehmungsübungen öffnen kannst.

Du kannst dieses Buch entweder linear Kapitel für Kapitel durchlesen oder dir im Inhaltsverzeichnis intuitiv die Kapitel auswählen, die dich gerade am meisten ansprechen oder betreffen.

Jedes Kapitel steht ein Stück weit für sich selbst und unterscheidet sich natürlich aufgrund der verschiedenen Autorinnen auch leicht im Schreibstil. Doch du findest hin und wieder Verweise auf andere Kapitel, z.B. wenn noch eine andere Übung zu diesem Kapitel passt, die bereits an anderer Stelle erklärt wurde.

Nutze das Buch gern als deinen persönlichen Begleiter auf dem gemeinsamen Weg und im Alltag mit deinem Tier!

Und da sind wir auch bereits beim Thema dieses Buchs angekommen: Was, wenn das Zusammenleben mit deinem Tier eine wundervolle, gemeinsame Reise ist?

Was würdest du gern gemeinsam mit deinem Tier erleben?
Wie soll euer Alltag sein?

Was möchtest du von deinem Tierfreund darüber erfahren, wie er die Welt sieht?

Was braucht ihr beide, um noch mehr Vertrauen zueinander aufzubauen und entspannter zu sein?

Was kannst du alles von deinem tierischen Begleiter lernen? Und was er von dir?

All diese Dinge schauen wir uns gemeinsam in den kommenden Kapiteln an! Wir wünschen dir viel Freude beim Lesen und Ausprobieren.

Lasst uns die gemeinsame Reise beginnen!

Bereich 1: Dein Mindset

Raus aus dem Problemdenken mit deinem Tier und rein in die Möglichkeiten

von Sonja Neuroth

Spürst du schon seit längerem, vielleicht dein ganzes Leben, dass es in der Beziehung zwischen Mensch und Tier einfach mehr geben muss, als Tiere nach unseren Wünschen zu trainieren oder sich sogar über sie zu stellen, um zu beweisen, wer hier „der/die Ranghöhere" ist?

Versteh mich nicht falsch: Regeln und Training können auch sinnvoll sein (mehr dazu im Kapitel *Kannst du Grenzen setzen?*). Aber vermutlich möchtest du eine Freundschaft mit Tieren führen? Eine Freundschaft, in der es gar nicht darum geht, dass alles perfekt sein muss und dass du immer alles kontrollieren musst? Sondern eine Verbindung zu deinem Tier, in der du seine Fürsorge empfangen darfst, ebenso wie es deine? In der ihr voneinander lernen und euch gemeinsam weiterentwickeln könnt:

Raus aus Ängsten, Zweifeln, Unsicherheiten - und rein in das Vertrauen in euch selbst und den jeweils anderen?

Vielleicht gibt es aktuell kleinere oder größere Themen, die dir mit deinem Tier zu schaffen machen: Eine Krankheit, Streit in der Herde oder im Rudel oder ein auffälliges Verhalten wie Schnappen, Treten, Beißen, in die Wohnung markieren usw.

Eventuell hast du hierzu auch schon vergeblich einiges ausprobiert. Warst bei diversen Tierärzten, in der Hundeschule, bei einem Pferdetrainer oder hast eine Tierkommunikation mit deinem Tier durchführen lassen.

Falls nichts davon bisher so richtig geholfen hat - und auch, wenn du mit deinem Tier bereits auf einem „guten Weg" bist - mag ich dich einladen, die ganze Thematik mal von einem komplett neuen Standpunkt aus zu betrachten. Du könntest auch sagen: Aus einem anderen Mindset heraus!

Warum ist das Mindset wichtig?

Mindset bedeutet eigentlich Fokus: Wo ist deine Aufmerksamkeit die meiste Zeit im Alltag? Bei den Dingen, die (noch) nicht funktionieren oder dort, wo du wirklich hin möchtest?
Wenn du dich immer über einen Menschen aufregst und dir gedanklich all seine Eigenschaften aufzählst, die ihn zu einem „schlechten" Menschen machen: Hat er oder sie dann noch die Möglichkeit, eine andere Seite zu zeigen?
Wenn du schon beschlossen hast, dass heute ein bescheidener Tag ist: Wie offen bist du dann noch dafür, überrascht zu werden und etwas Wundervolles zu erleben?

Ähnlich ist es mit deinem Tier: Wenn es aktuell ein Problem in eurem Zusammenleben gibt: Siehst du nur noch das Problem und bist schon ganz frustriert, weil es sich nicht ändert - oder fragst du gezielt nach Lösungen, die jenseits dieses Problems liegen?

Manch einer setzt Mindset mit ausschließlich positivem Denken gleich. Die Annahme dahinter: Du darfst nur positiv denken, um auch nur Positives in dein Leben zu ziehen. Wenn du einen negativen Gedanken hast, wird dieser SOFORT Realität und du hast (mal wieder) alles falsch gemacht.
Genau das meine ich *nicht* mit einem neuen Fokus auf dein Thema.
Ebenfalls meine ich nicht damit, dass du ab jetzt nur noch positive Affirmationen aufsagen sollst und alle negativen Gedanken kategorisch ausschließen musst. Es kann auch einen Vorteil haben, die möglichen Hindernisse in einer Situation zu sehen, um sich dann fragen zu können, wie man sie aus dem Weg räumt.
Mit einem neuen Mindset oder auch damit, deinen Fokus zu ändern, meine ich vielmehr: Was, wenn du sowohl das Positive an der aktuellen Situation sehen kannst, als auch das Negative?

Aber wenn du dich dabei weniger darauf fokussierst, dass die aktuelle Situation ein Problem ist, das verschwinden soll - sondern mehr darauf, was du dir tatsächlich wünschst?

Genau dann bist du auch offener dafür, eine Lösung zu finden, die vielleicht sogar außerhalb der Möglichkeiten liegt, die du bisher kanntest. Du beschäftigst dich im Kopf weniger damit, ein Drama aus der aktuellen Situation zu machen. Du siehst zwar, dass es ein Thema gibt, das dir nicht gefällt und das du verändern möchtest. Doch statt dagegen anzukämpfen und ein *Problem* aus dem „Problem" zu machen, gibst du deinem Geist bereits den Auftrag, eine Lösung zu finden.

Zum besseren Verständnis mal ein Beispiel:

Bei einem Hund, mit dem ich einmal gearbeitet habe, musste ein Bein amputiert werden. Aus medizinischer Sicht ging es nicht anders.

Für sein Frauchen brach die Welt zusammen, da sie sich sofort ausmalte, dass das ganz schrecklich für ihn sein müsste. Sie wollte ihm das nicht „antun" und war sich auch bereits ganz sicher, dass er ihr böse sein und die ganze Situation nicht verstehen würde.

Dabei sah sie die Situation vor allem durch ihre eigenen Augen: Was würde es für sie bedeuten, wenn man *ihr* Bein amputieren müsste? Wäre dann das Leben nicht mehr oder weniger „vorbei", wenn sie für immer auf Hilfe von außen angewiesen wäre?

Ja, so eine Situation ist nicht schön! Und es geht auch nicht darum, sie schön zu reden. Dennoch: Hatte jemand überhaupt mal bei dem Hund nachgefragt, ob das Ganze für *ihn* ein Problem ist? Nein, bisher nicht!

In der gemeinsamen Session (Wir fühlen uns in Animal Creation Sessions in das Tier ein und übersetzen mit Hilfe der Tierkommunikation seine Botschaften, aber sprechen und arbeiten gleichzeitig auch mit dem Tiermenschen) vermittelte der Hund uns, dass es für ihn gar nicht so schlimm sei!

Er freute sich, dass er noch eine Weile bei seinem Frauchen bleiben konnte und eben nicht eingeschläfert werden muss. Alles andere war nebensächlich. Klar würde er das ausgelassene Herumtoben von früher vermissen, aber nur, weil ein Bein fehlt, hieße das ja nun nicht, dass er sich gar nicht mehr bewegen könnte? Sein Leben würde er auf jeden Fall weiter genießen!

Nach der Amputation war es auch tatsächlich so, dass beide das Beste aus der Situation machten und die Lebensfreude des Hundes definitiv nicht darunter litt. Das lag natürlich auch mit daran, dass Frauchen sich nach unserer Session entspannte und sich innerlich mehr für diese neuen Gegebenheiten öffnete. Statt zu leiden und zu trauern, ging sie jetzt in die innere Haltung: *Wie können wir diese Situation so angenehm wie möglich für dich gestalten? Und was ist auch mit drei Beinen alles für dich möglich?*

In diesem Fall gab es also zwei ganz unterschiedliche Sichtweisen.

Einmal: *Unser Leben ist ruiniert und mein Tier wird nur noch leiden* und einmal: *Wie können wir das Beste daraus machen und unser Zusammensein soweit wie möglich genießen?*

Beides bezieht sich auf dieselbe Situation. Allein dadurch, dass Frauchen ihren Fokus umlenkte (nachdem ihr Hund es ihr so toll vorgemacht hat), ist das Bein zwar nicht „dran" geblieben. Aber beide haben sich entspannt und ihre Beziehung wurde tatsächlich dadurch, dass sie einander noch mehr vertrauen mussten, noch einmal intensiver als zuvor.

Mindset ist nicht alles und kann manche Situationen nicht verhindern oder dir sofort all deine Wünsche erfüllen. Aber: Es ist der erste Schritt und oft sogar die Voraussetzung, dass sich etwas ganz Neues zeigen kann.

Gerade dann, wenn du dein Tier nicht mit Kontrolle, Zwang und Druck erziehen möchtest, sondern dir wünschst, dass es freiwillig und aus sich heraus mit dir kooperiert, ist es so wichtig, eine neue Sichtweise einzunehmen:

Was, wenn es niemals darum ging, dass alles mit deinem Tier perfekt läuft und genauso, wie du es dir vorstellst? Sondern, wenn du gerade auch in den „unperfekten" Situationen Geschenke entdeckst?

Ja, dein Tier hört vielleicht nicht immer. Aber was lernst du dadurch? Vielleicht, geduldiger, klarer oder entspannter zu bleiben? Egal, wie das Resultat im Außen ist?

Wenn du selbst als allererstes ruhig und entspannt bist, auch wenn dein Tier es noch nicht ist, gehst du mit gutem Vorbild voran. So funktioniert ein/e wahre/r Anführer/in - anstatt Kontrolle, Druck oder Zwang ausüben zu müssen. Und genau so baust du die Basis für das Vertrauen auf, das du dir mit deinem Tier wünschst.

Was, wenn du euch beide nicht mehr daran misst, ob ihr von außen betrachtet alles richtig macht oder ob alles genau so ist, wie es für andere richtig wäre? Sondern daran, ob ihr euch in die Richtung bewegt, in die ihr gerne möchtet?

Im Falle des Hundes und seines Frauchens ging es zwar nicht um ein Verhaltensthema, sondern um die Gesundheit. Doch auch hier ging es darum, sich einmal von einem festen Bild oder Ergebnis zu lösen und mehr danach zu fragen, was Hund und Frauchen wirklich wichtig ist.

Die Sichtweise zu verändern, kann auch die Beziehung verändern; das wiederum ist die Grundlage dafür, dass schließlich die Resultate anders werden - ohne, dass du etwas erzwingen musst.

Kreiere deine Beziehung zu deinem Tier - gemeinsam mit ihm

Seitdem ich 2014 begonnen habe, mit Tieren und ihren Menschen zu arbeiten, zeigten die Tiere uns immer wieder: Was, wenn es eigentlich keine Probleme gibt? Sondern all diese Situationen, die wir gern verändern möchten, eine Einladung sind, etwas anderes zu kreieren (gestalten)?

Mehr Verständnis, Vertrauen und Verbundenheit zwischen dir und deinem Tier...

Das innere Wissen, dass ihr immer gemeinsam einen Weg findet, egal wie die Umstände sind (manchmal mit zusätzlicher Unterstützung von außen. z.B. durch einen Hundetrainer) ...

Die Tiere gaben mir immer wieder mit:

> Das, was für uns wirklich wichtig ist, ist die Freundschaft, die Verbundenheit, zu unseren Menschen. Es geht uns nicht darum, dass sie immer alles richtig machen. Wir wünschen uns auch nicht, dass sie sich allzu viele Sorgen um uns machen oder sich selbst für Fehler in der Vergangenheit verurteilen. Was uns viel mehr hilft, ist, wenn sie aufmerksam mit uns sind und einfach ihr Bestes geben. Im Hier und Jetzt, so wie sie es eben können.
> Bitte hört uns einfach zu und kümmert euch gleichzeitig darum, dass es euch selbst gut geht. Nur, wenn ihr stark seid, könnt ihr auch gut für uns da sein.

Und genau an diesen Punkten setzen wir mit Animal Creation und in diesem Buch mit dir an. Ich würde fast sagen, es ist der Grund, warum wir mit Animal Creation teilweise Dinge verändern können, mit denen andere Methoden nicht weiterkommen:

Es geht um deine Sichtweise auf die Situation mit deinem Tier: Nimmst du das aktuelle „Problemthema" als Einladung an, etwas über dich selbst und dein Tier zu lernen und dich weiterzuentwickeln?

Möchtest du dein Tier wirklich verstehen und gemeinsam mit ihm eine Lösung finden, die für euch beide passt? Egal, wie lange es dauert, bis sich im Außen etwas verändert?

Bist du bereit für noch mehr Vertrauen in dich selbst und dein Tier und für mehr Verbundenheit zwischen euch beiden? Und dafür auch konventionelles Denken darüber, wie die „richtige" Mensch-Tier Beziehung aussieht, zu verlassen?

Wenn da ein *Ja* kommt (du musst noch nicht wissen, *wie* genau es geht), bist du hier genau richtig!

Die folgenden Kapitel meiner Kolleginnen werden dir viele verschiedene Impulse geben, die du je nach Situation anwenden kannst und die dich darin unterstützen, eine neue Sichtweise auf die Beziehung zu deinem Tier einzunehmen.

Ähnlich würde es übrigens auch in einer Animal Creation Session ablaufen: Ein Coach würde dich darin unterstützen, dich einmal in dein Tier hineinzuversetzen und gleichzeitig zu erkennen, was du ihm bisher bewusst oder unbewusst ausgestrahlt und vermittelt hast. Dabei würdest du die Situation einmal von einem anderen Standpunkt, als bisher betrachten und besser verstehen, was dein Tier dir vielleicht schon die ganze Zeit zu dieser Situation mitteilen möchte und was seine Rolle an deiner Seite ist.

Und dann würdet ihr gemeinsam einen Weg erarbeiten, der sowohl für dich, als auch für dein Tier funktioniert.

Auch geht es darum, wie du dauerhaft mehr Ruhe, Vertrauen, Sicherheit ausstrahlst. Viele der Übungen in diesem Buch unterstützen dich genau darin!

Lass uns für den Anfang mit folgenden Übungen beginnen:

Was ist DEIN Weg mit deinem Tier?

Lasse die folgenden Fragen kurz auf dich wirken und notiere dir dazu Impulse, ohne groß nachzudenken! Der erste Impuls wird der richtige sein:

• Was ist dir WIRKLICH wichtig in Bezug auf dein Tier? Was muss es können und was möchtest du können, damit euer Alltag funktioniert (z.B. zumindest dann auf dich hören, wenn es wirklich wichtig ist)?

• Welche von anderen Menschen als wichtig erachteten Dinge oder Ziele sind für dich irrelevant, bzw. worauf kannst du gut mit deinem Tier verzichten? (z.B. Hund darf nicht im Bett schlafen, Pferd soll geritten werden , …)

• Wie soll sich das Zusammenleben im Alltag mit deinem Tier anspüren? In welcher Energie möchtest du vorwiegend mit deinem Tier sein (z.B. entspannt, vertrauensvoll)?

Wenn im Alltag mit deinem Tier Herausforderungen oder Zweifel auftauchen: Orientiere dich an den Impulsen, die du zu diesen Fragen bekommen hast: Trotz aller Hindernisse: Seid ihr gerade trotzdem auf EUREM Weg?

Das heißt:

• Sind die Dinge erfüllt, die dir wirklich wichtig sind bzw. arbeiten dein Tier und du da aktuell schon dran?
• Spürt sich der Großteil eures Alltags eigentlich schon gut an und du könntest dich noch mehr auf das fokussieren, was bereits super läuft?
• Oder ist das, was euch da gerade passiert, ohnehin irrelevant und du musst dir gar keinen Kopf darum machen (passend zu Frage 2: Wenn dir jemand anderes sagt, du müsstest mit deinem Tier dies, das oder jenes machen - aber es ist gar nicht dein Ziel?)

Doch was tun, wenn du dich dabei ertappst, dich dennoch immer wieder auf die Probleme zu fixieren und dich innerlich ausbremsen zu lassen?

Hier noch ein paar Fragen, die du deinem „Kopf" stellen kannst, wenn „er" mal wieder meckert und dir nur all das Schlechte vorhalten möchte:

Fragen, um vom Problemdenken zu Möglichkeiten zu switchen:
- Ist diese Aussage (die ich mir selbst erzähle oder von anderen höre) wirklich wahr?
- Was würde ich jetzt tun, wenn es kein Problem wäre?
- Was läuft schon gut mit meinem Tier und wie kann ich diese Erfahrungen auch in der aktuellen Situation für mich nutzen?
- Was wünsche ich mir stattdessen und was kann ich jetzt aktiv dafür tun?
- Ist die Situation tatsächlich auch für mein Tier ein Problem - oder denke ich das nur?
- Welche anderen Möglichkeiten haben mein Tier und ich?
- Wer oder was könnte uns unterstützen, dass es leichter wird? Und welche Fähigkeiten habe ich selbst bereits, mit denen ich mir und meinem Tier helfen kann?
- Welche Seite in diesem Buch könnte ich jetzt aufschlagen, die mir einen Impuls für die aktuelle Situation gibt *(oder schlage direkt einfach intuitiv eine Seite dieses Buches auf und nimm das, was da steht als Impuls für eure Situation)*?

Kannst du Grenzen setzen? Wie Tiere dir dabei helfen

von Sonja Neuroth

Bist du ein/e *Ja*-Sager/in? Jemand, der es allen recht machen möchte oder sich zumindest nicht traut, *Nein* zu sagen? Denn das ist ja unhöflich?

Nicht, dass sich jemand von mir auf den Schlips getreten fühlt oder ich unangenehme Gefühle in anderen verursache. Irgendwie muss ich schon damit klar kommen, wenn andere mir meinen Raum nehmen, die Ellenbogen ausfahren und schreien „Ich zuerst! Was mit dir ist, ist mir egal!"

Diese und ähnliche Gedankenmuster begleiteten mich lange. Kommen sie dir auch nur ein klein wenig bekannt vor?

Vor allem Mädchen werden in unserer Gesellschaft ja gern mal so erzogen, dass sich *Nein* sagen oder sich zur Wehr setzen einfach nicht gehört und man immer schön brav und höflich sein sollte.

Freu dich über das, was du bekommst und sei nicht unverschämt, wenn es mal nicht nach deinem Willen geht …

Es ist nichts falsch daran, höflich zu sein und nicht nur sich selbst zu sehen, sondern sich auch empathisch in andere einzuspüren. Wie wird es ihnen wohl gehen, wenn du *Nein* sagst und nicht ihre Erwartungen erfüllst?

Dennoch: Geht's dir immer wieder so, dass andere sich dir gegenüber übergriffig verhalten und du am liebsten mal ein „Stopp" setzen würdest, dich aber nicht traust? Die Konsequenz könnte ja sein, dass du als unhöflich gesehen wirst?

Mit übergriffig meine ich nicht alleine, dass jemand dich tatsächlich körperlich angeht oder dass du gemobbt oder bedroht wirst. Nein, ich meine auch viele kleine Momente im Alltag, in denen es Menschen um dich herum vielleicht nicht einmal böse mit dir meinen, aber sich definitiv mehr in dein Leben einmischen, als du das möchtest. Oder auch Menschen, die tatsächlich nur sich selbst sehen und nicht darüber nachdenken, was mit dir ist.

Das können die ewig lauten Nachbarn sein, die um zwei Uhr morgens die Musik noch einmal so richtig aufdrehen. Ebenso die Schwiegermutter, die zu Besuch kommt, erst einmal die Wohnung inspiziert und dann zu erkennen gibt, was für eine schlechte Hausfrau du bist, dass du doch besser nicht arbeiten gehen solltest und dich stattdessen besser um den Haushalt kümmern - so wie sie es damals auch gemacht hat.

Oder vielleicht wirst du immer mal wieder im Supermarkt von Fremden angerempelt oder bist schon öfter auf der Straße fast in einen Unfall verwickelt worden, weil andere dich scheinbar nicht sehen?

Gerade in diesen „kleinen" Zwischenfällen oder wenn es sich um eine Situation mit einem Angehörigen handelt, fällt es uns häufig besonders schwer, die Stimme zu erheben oder auch mal energetisch ein klares „Stopp" zu signalisieren. *Die anderen können ja auch nichts dafür, dass sie sind, wie sie sind und es ist vielleicht nur einmalig so - was soll ich dafür extra Streit anfangen ...?*

Ja, wir sind oft gut darin, in dem Moment etwas auszuhalten, vielleicht sogar herunterzuschlucken ... Wenn du dich mal an die letzte Situation erinnerst, in der du das getan hast: Kannst du spüren, was genau du alles heruntergeschluckt hast?
Wut, Angst, vielleicht auch Scham ...?

Wut auf die andere Person oder auch auf dich selbst, dass du es zulässt (und selbst, wenn es nicht mal so eine „schlimme" Sache war: Wenn sie für dich nicht gepasst hat und du sie ausgehalten hast, dann kam vielleicht auch eine gewisse Ohnmacht dazu?)

Angst, von dem, der oder den anderen ausgeschlossen oder angegriffen zu werden, wenn du *Nein* sagst?

Scham, weil es ja vielleicht auch „falsch" sein könnte, in dieser Situation deinen eigenen Willen zu haben und etwas anderes zu wollen als die anderen?

All diese Emotionen - und was auch immer du vielleicht noch herunterschluckst - bleiben im Hintergrund da und steuern dich unbewusst weiter! Sie können dazu beitragen, dass du irgendwann körperlich oder seelisch krank wirst oder dass du in einer anderen ähnlichen Situation ausrastest, weil nun das Fass „übergelaufen" ist.

Schön und gut - aber was haben denn nun die Tiere damit zu tun?

Vielleicht ahnst du es schon: Vor Tieren kannst du nichts verbergen! Sie bekommen tatsächlich all diese Dinge mit. Alles, was wir herunterschlucken. Und sie können dir ungemein dabei helfen, eben nicht immer nur *Ja* zu anderen Menschen zu sagen, wenn du es nicht möchtest - und stattdessen auch mal ein ehrliches, klares *Nein* zu äußern!

Tiere untereinander haben kein Problem damit, ehrlich miteinander zu sein. Für sie ist es normal, dass auch mal ein kurzes Gerangel oder Meinungsverschiedenheiten entstehen. Das hat nichts mit ihrem Wert zu tun oder dass man danach nicht mehr befreundet sein kann. Natürlich gibt es auch immer Tiere, zwischen denen die Chemie einfach gar nicht stimmt. Aber das ist dann generell so - und nicht nur bedingt durch eine Meinungsverschiedenheit.

Von ihrem Naturell her sind Tiere auch gut darin, Spannungen herauszulassen, statt sie herunterzuschlucken. Sie sind eben ganz im Hier und Jetzt und denken nicht über alle möglichen Konsequenzen nach.

Untereinander testen sie immer wieder aus, wie es ist, seinen eigenen Raum voll und ganz einzunehmen - ohne dass das heißt, dass alle anderen Pech gehabt haben und alles willenlos über sich ergehen lassen müssen. (Tatsächlich sind viele Theorien über Rangordnungen in Herde und Rudel überholt oder einfach zu oberflächlich. Natürlich gibt es immer wieder einzelne Tiere, die anführen - aber dann eher situationsbedingt und auch, weil der scheinbar Unterlegene dem Leittier vertraut - wenn dieses *wirklich* mehr Erfahrung in einem Bereich hat)

Im Tierreich läuft also auch nicht immer alles „rosig" und harmonisch ab und natürlich gibt es auch mal Kämpfe. Aber sie sind eben nicht mit so vielen Emotionen verbunden, wie bei uns Menschen. Es ist einfach eine Art zu prüfen, wem man vertrauen kann und wem nicht.

Und so ist es auch ganz natürlich, dass du deinem eigenen Tier gegenüber immer mal wieder Grenzen setzen musst. Nicht, indem du es schlägst (das ist meist ein Zeichen von Hilflosigkeit), sondern indem du selbst die absolute Klarheit bist. Was funktioniert für euch beide - und was nicht?

Die ersten Tiere, die meine Lehrer in Sachen Klarheit und Grenzen setzen lernen waren, sind die Pferde. Als Jugendliche hatte ich zwei Reitbeteiligungspferde, die mir immer wieder zeigten: „Wenn du nicht klar und präsent bist, machen wir eben unser Ding".

Dieses „Ding" konnte sein, einfach mal alleine loszurennen, während ich sie am Strick hielt, beim Reiten in eine andere Richtung als die angezeigte zu gehen oder sich zu weigern, weiterzugehen. Auch das Gras am Weg ist natürlich immer wieder besonders lecker. Da kann man ja mal testen, ob man nicht doch ein Päuschen machen kann, auch wenn man gerade erst losgegangen ist ...

Ich bin sehr dankbar, dass ich immer nur kurze Zeit in typischen Reitschulen geritten bin und somit nicht allzu viel von der klassischen Reitweise mit all ihren „interessanten Ansätzen" von „Setz dich mal durch, indem du drauf haust" mitbekommen habe. Durch die Bodenarbeit und eine freiere Reitweise habe ich schon als Jugendliche ganz viel über mich, meine Absichten beim Reiten und meine Energie gelernt, ohne dass ich die Tierkommunikation kannte.

Und trotzdem kamen auch da schon Bedenken auf: Was, wenn ich die Pferde zu sehr einschränke und ihnen nur meinen eigenen Willen aufzwängen will, ohne dass das für sie passt? Wenn ich *Nein* zu dem sage, was sie gerade wollen, bin ich dann ein böser Mensch oder Tierquäler?

Aus heutiger Sicht kann ich dazu sagen: Wenn du in Beziehung mit jemandem bist (sei es nun Mensch oder Tier) kann es niemals gesund sein, nur nach dem Willen *eines* von beiden zu gehen.

Die Pferde zeigten mir schon damals, dass es eigentlich darum geht, gemeinsam einen Weg zu finden. Darin ist eingeschlossen, dass beide äußern dürfen, wenn ihnen etwas nicht passt und dass man auslotet, welcher Weg für beide passt.

Wenn ich zurückblicke, wird mir bewusst, dass sie vor allem dann etwas ganz anderes als ich machen wollten, wenn ich selbst unklar war, was ich wollte, wenn ich innerlich abwesend war oder irgendwelche Ängste und Unsicherheiten hatte.

Ja, Pferde testen dich aus. Aber sie machen es nicht, um zu beweisen, dass sie im „Rang" über dir stehen und dich dominieren. Sie testen vielmehr aus, wie du in welcher Situation reagierst und ob sie dir vertrauen können, komme was wolle. Eben auch dann, wenn im Außen mal eine aus ihrer Sicht gefährliche Situation ist, zB ein lauter Traktor, der sich nähert. Bleibst du dann so gelassen wie möglich und kannst ihnen gegenüber noch immer Sicherheit ausstrahlen?

Dieses Austesten kann wie ein Spiel sein, das sie auch untereinander machen. Kann ich dir deinen energetischen Raum nehmen? Wenn ja, wie reagierst du dann, wirst du unsicher oder setzt du mir irgendwann eine Grenze und sagst Nein?
Vieles davon läuft tatsächlich energetisch ab, indem du z.B. ein klares *Stopp - Das hier spiele ich nicht mehr mit* setzt.

Wenn du in den Momenten, in denen dein Tier nicht das macht, was du möchtest, Angst hast, die Situation nicht bewältigen zu können; wenn du denkst, eine schlechte Tiermama oder -papa zu sein oder dass dein Tier dich ablehnen wird, wenn du *Nein* sagst - bekommt dein Tier auch das mit.

Es spürt, dass du dich unsicher damit fühlst, *Nein* zu sagen. Vielleicht kann es nicht wirklich zuordnen, warum du unsicher oder vielleicht sogar wütend bist, aber es kann passieren, dass es einfach diesen Zustand wahrnimmt und sich von ihm anstecken lässt. Es fühlt sich in deiner Gegenwart nicht mehr sicher und die aktuelle Situation wird vielleicht noch schlimmer.

Kannst du den Gedanken annehmen, dass Grenzen setzen auch etwas Gesundes für beide Seiten sein kann, weil beide dadurch etwas lernen oder die Beziehung ausloten können? Tiere zeigen es uns ...

Ja, manchmal brauchen unsere Tiere es sogar von uns, dass wir über uns hinauswachsen und ihnen zu Liebe gegenüber anderen Menschen oder Tieren Grenzen setzen.

Zum Beispiel, wenn immer wieder andere Menschen dein Tier anfassen und es das gar nicht möchte oder wenn fremde Tiere zu nah an dein Tier herangehen und es nach deiner Unterstützung fragt. Wie leicht fällt es dir dann, deinen tierischen Freund voll und ganz zu unterstützen?

Auch in diesem Bereich durfte ich schon eigene Erfahrungen sammeln. In verschiedenen Wohnungen, in denen ich bisher mit meinen Freigängerkatzen gelebt habe, wurden meine beiden immer mal wieder von fremden Katern angegriffen. Teilweise sogar recht fies, indem die fremden Kater bis zu uns vor die Terrassentür kamen und meine beiden dort böse überraschten.

Ein paarmal musste ich mit meinem Kater Thor zum Tierarzt, nachdem er verletzt wurde. Natürlich ist mir klar, dass so etwas bei Freigängern immer mal passieren kann und dass es nicht viel bringt, sich allzu sehr bei den Katzen einzumischen. Sie müssen da schon ihren Weg finden. Dennoch waren die Attacken teilweise recht hinterhältig und ich fragte mich, was hier möglich ist, damit jede Katze einfach ihr Revier hat und sie sich aus dem Weg gehen.

Jedes Mal, wenn ich selbst mit meinen Katzen sprach oder jemand anderes mit ihnen kommunizierte, wünschten sie sich, dass ich ihnen energetisch den Rücken stärke. Ihnen zutraue, dass sie das schaffen und sie energetisch noch „größer" wirken lasse, sodass niemand gewaltvoll in ihren energetischen Raum eindringt. Doch da war auch etwas, das ich energetisch zwischen mir und dem jeweiligen „Angreifer" verändern sollte.
Auch hier zeigte sich das Muster: *Ich darf doch nicht böse mit dem anderen sein. Er will doch auch einfach nur sein Leben leben.*

Es fiel mir recht schwer, auch mal eine „nicht so nette", aber klare Energie gegen eine Katze zu verwenden, mit anderen Worten „Mach das noch einmal - und du bist tot" (Natürlich würde ich kein Tier umbringen, aber es brauchte hier eine absolute Grenze. Ein „Jetzt ist WIRKLICH Schluss!").
In meiner Vorstellung waren immer alle Tiere lieb, nett und süß und etwas anderes konnte ich mir einfach nicht vorstellen. Und ja, vielleicht waren diese Katzen zu Hause auch ganz liebe Schmusekatzen, die ihren Menschen viel Glück bringen und in den eigenen vier Wänden keiner Fliege etwas zuleide tun würden. Doch hier zeigten sie eine Seite, die in Bezug auf meine Katzen nicht okay war. Das bedeutete eben nicht, dass diese Tiere an sich falsch sind - doch dass wir dieses Verhalten nicht tolerieren können.

Ein paarmal legte mich eine der Katzen rein, indem sie tatsächlich zuerst mir gegenüber das „süßeste Kätzchen" der Welt spielte und immer näher kam, nur um dann zur Bestie zu mutieren und mich und meine Katzen anzugreifen.

Auch wenn all diese Situationen Jahre auseinander liegen, hängen sie doch auch miteinander zusammen. Es zeigte sich immer wieder eins: Meine Katzen trugen ein Stück weit mit den fremden Katzen etwas für mich aus, das ich noch nicht bereit war zu verändern: Auch mal „böse" zu sein, indem ich bereit war, alles zu sein, was erforderlich ist, um Missbrauch und Übergriffigkeiten mir gegenüber zu stoppen.

Als sich die Situation das erste Mal zeigte, lernte ich gerade die systemischen Aufstellungen für Tiere kennen (mit ein Grund, warum sie später Teil der Animal Creation Ausbildung wurden) und ließ so eine Aufstellung auch für mich und meine Katzen durchführen.

Darin zeigte sich ganz viel unterdrückte Wut, die ich selbst einem Menschen gegenüber mit mir herumtrug, der immer und immer wieder über meine Grenzen ging und dem es egal war, was ich dazu sagte. Die Katzen nahmen das wahr und lebten es ein Stück weit untereinander aus.

In der Aufstellung wurde das alles mal geäußert und ich konnte selbst äußern, was mich so an der Person stört und wo meine Grenzen sind. Danach griff die fremde Katze nie wieder an.

In einer anderen Wohnung kam es dann mit einer anderen Katze wieder. Inzwischen hatte ich nicht mehr das Thema, auch mal *Nein* zu sagen. Aber da war noch was anderes ... Die Frage: Bin ich bereit, von anderen auch als „Arsch" gesehen zu werden, wenn ich *Stopp* sage und ihnen das nicht gefällt?

Dieser Kater war sehr penetrant und forderte von mir, ihn aktiv zu verscheuchen, da meine Katzen schon in Panik verfielen, wenn er sich dem Haus zu sehr näherte. Hier brauchte es auch mal einen lauten Schrei und einen Eimer Wasser. Jeder Versuch, die Situation lieb und nett (oder nur mit Hilfe der Tierkommunikation - ihm war das alles ziemlich egal) zu lösen, scheiterte.

Ich durfte lernen: Auch, wenn ich selbst nicht die Absicht habe, andere anzugreifen, muss ich bereit sein, alles zu sein und zu tun, um Übergriffe mir oder meinen Tieren gegenüber zu stoppen. Wenn ich mich davor drücke, um nett zu sein, wird es nämlich nicht von alleine aufhören. Das bedeutet nicht, dass man dem anderen fies nachstellen sollte. Aber er braucht eine klare Ansage. Raus aus der Opferrolle und rein in die Selbstverantwortung!

Tatsächlich hatte ich parallel zu diesen Vorfällen auch immer wieder Kontakt zu Menschen, die es nicht nett mit mir meinten und sich von einem leisen *Nein* nicht stoppen ließen. Die Energie, die durch die „Katzenvorfälle" freigesetzt wurde, konnte ich auch ihnen gegenüber nutzen. Das geschah nicht immer in direkten Gesprächen, sondern manchmal auch rein energetisch - wie eine Löwenmutter, die sich vor ihre Jungen stellt und nicht kämpft, aber mit jeder Faser ihres Seins ausstrahlt: *Einen Schritt weiter - und du bist tot!*

Wenn du nicht bereit bist, alles zu sein, was in dir steckt, werden andere so oft über deine Grenzen gehen, bis du auch zu dieser Seite von dir stehst. Heißt das, dass du kein liebenswürdiger Mensch bist und nicht hauptsächlich an Frieden und Harmonie interessiert bist? Nein!

Du kannst eine Samtpfote sein, die gleichzeitig aber auch weiß, dass sie ein Löwe ist. Diese Kraft schlummert in jedem von uns, egal wie stark wir körperlich sind. Denn sie hat nichts damit zu tun, körperliche Gewalt anzuwenden. Sie ist absolute Präsenz und dass du auch zu deiner machtvollen Seite stehst - ohne diese zu missbrauchen.

Wenn andere sehen, dass du machtvoll bist und das auch weißt, wird dir keiner mehr „ans Bein pinkeln". Befreie dich von allen Emotionen, die dich klein machen oder dich davon abhalten, authentisch du zu sein! Tiere unterstützen dich gerne darin und zeigen dir, wie das energetisch geht, ohne dass man körperlich kämpfen muss.

Wenn du noch übst, Grenzen zu setzen, spiel gern mal mit folgenden Fragen, die du dir immer wieder selbst stellen kannst:

Setze Grenzen - Ein paar Fragen für dich

• Was, wenn es mir ganz egal wäre, was andere von mir denken? Was würde ich dann jetzt machen? Was würde ich äußern und wem würde ich meine wahre Meinung sagen?

• Vor welchen Bewertungen habe ich hier Angst und könnten diese Bewertungen mir wirklich etwas anhaben?

• Ist es mir selbst und dem anderen wirklich wertschätzend gegenüber, *Ja* zu sagen und über meine Grenze zu gehen? Könnte es vielleicht sogar uns beiden mehr Sicherheit und Klarheit geben, wenn ich *Nein* sage? Wie können wir stattdessen gemeinsam einen Weg finden?

• Welche Energie bin ich aktuell nicht bereit, zu sein (zB dem anderen Menschen, deinem Tier oder dir selbst gegenüber), die, wenn ich auch diese Seite an mir annehmen würde, ein klares *Stopp* setzen würde?

• Welche Emotionen unterdrücke ich, die jetzt einfach mal raus wollen? - Sei dann präsent mit allem, was sich zeigt. Was, wenn du nichts damit machen musst und ihnen einfach nur erlaubst, aus dir heraus zu steigen, in dem Wissen, dass das nicht DU bist? Sondern einfach nur ein Zustand, den du gerade wahrnimmst?

✱Im Onlinebereich findest du zu dieser Übung noch ein Audio, das etwas mehr in die Tiefe geht.

Wie ist es für dich, wenn dein Tier oder ein Mensch dich beiseite drängen und dir deinen „Raum" nehmen? Wie ist dann deine Reaktion - ziehst du dich energetisch zusammen?

Hier kannst du üben, in diesen Momenten einfach ganz „da" zu sein. Zieh dich nicht energetisch raus, sondern erinnere dich daran, dass dies dein Raum ist und du die Wahl hast, inwieweit

du den anderen mit hinein lässt. Du darfst *Nein* sagen, wenn es dir zu viel oder zu eng wird.

Den Körper deines Tiers lesen und verstehen

von Kirsten Jeude

Was dir der Körper mitteilt

Liebst du es auch so ungemein, dein Tier zu berühren, zu streicheln, deine Nase in das weiche Fell zu stecken oder an den Pfötchen zu riechen? Welche beruhigende Wirkung die Körper unserer Tiere auch auf uns haben, hat jeder schon einmal erlebt, der eine schnurrende Katze auf sich liegen hatte. Auch Therapietiere kommen immer mehr zum Einsatz, sei es in Seniorenheimen, als palliative Unterstützung oder in Kinderkrankenhäusern. Und jeder, der ein Pferd hat, weiß, dass diese Wesen eine besondere Gabe haben.

Dass du mit deinen Gedanken und Worten den Geist deines Tiers „kleiner" machen kannst, kannst du auch im Kapitel „der Kern deines Tiers" nachlesen.

In diesem Kapitel möchte ich dir ein wenig mehr über das Wesen „Körper" beschreiben. Denn der Körper ist fast unabhängig von dem Wesen oder Seele, die es bewohnt.

Aber was ist der Körper deines Tiers eigentlich? Und warum hast du einen enormen Einfluss auf ihn? Sicher denkst du bereits im Hinterkopf: „Auf vieles habe ich doch gar keinen Einfluss", wie z.B. ein Unfall, eine Verletzung, eine Krankheit, die es bekommen hat! Am Ende dieses Kapitels wirst du dies vielleicht mit anderem Bewusstsein betrachten.

Erst einmal ist jeder Körper ein kleines Wunderwerk. Alles ist aufeinander abgestimmt und funktioniert im Optimalfall einwandfrei. Alleine bereits im kleinsten Teil, der Zelle, finden unaufhörlich Prozesse statt, die aufeinander abgestimmt sind. Für mich sind die Zellen wie eine kleine Gemeinde mit Kraftwerken, Müllabfuhr, Polizei und Taxen, die herumfahren und ihre Fahrgäste gezielt an ihr Ziel bringen. Diese Gemeinschaft weiß, wer was wo benötigt; sie weiß, wann es Zeit ist, sich zu teilen… und all das, ohne unser bewusstes Dazutun und ohne, dass du davon irgendetwas spürst.

Jede Körperstruktur besteht aus diesen kleinen Gemeinden, die untereinander und miteinander arbeiten. Kommt es in einer Gemeinde einmal zu einem Engpass, kann das gravierende Folgen haben. Es ist ähnlich wie im Außen, also dem Ort, an dem du lebst. Wird dein Supermarkt nicht beliefert, suchst du nach Alternativen, um diesen Mangel auszugleichen.

Bei einem kleinen Mangel der Lieferanten etc. kompensiert es die Gemeinschaft noch. Wird dieser Mangel jedoch größer, hat das Folgen.

Auch die Kommunikation dieser Gemeinde ist wie auf einem Dorf. Jeder sieht und hört alles, jeder weiß über den anderen Bescheid. Man tauscht sich untereinander aus und der Informationsfluss klappt reibungslos.

Die Sache mit der Resonanz

Unsere Gedanken, Emotionen und Worte haben einen großen Einfluss. Nicht nur auf unser Wesen, sondern eben auch auf unsere Körper.

Körper verstehen ganz genau, was du denkst, sagst und fühlst, denn er liest die Schwingungen/Energien, die hinter jedem Gedanken, Gefühl und Wort stecken.

Kennst du die Geschichte vom „hässlichen kleinen Entlein"?

Das kleine Küken, das bei Enten aufwuchs und auf dem alle herumgetrampelt sind, weil es in ihren Augen anders und hässlich war?
Dies war mein absolutes Lieblingsmärchen, auch wenn es mich jedes Mal zu Tränen gerührt hat. Dennoch habe ich es immer

und immer wieder gelesen, weil ich wusste, alles wird gut.

Das kleine Entlein machte in den Augen seiner Geschwister und Eltern aber auch gar nichts richtig. Es wurde beschimpft und gepiesackt. Heutzutage nennt man das wohl Mobbing.

Als es all das nicht mehr aushielt, denn auch es selbst fand sich dumm, hässlich und tollpatschig, lief es weinend weg, um auf eigenen Füßen zu watscheln und den anderen nicht mehr zur Last zu fallen.

Als es eines Tages einen wunderschönen Schwan auf dem See sah, schämte es sich sogar für sein eigenes Dasein. Der Schwan jedoch schwamm auf es zu und war freundlich, liebevoll und nett. Er forderte das Entlein sogar auf, sich seine Schönheit doch einmal genauer anzusehen.
Als das Entlein ängstlich in den Wasserspiegel schaute, erblickte es sich selbst, als wunderschönen Schwan. Es fand sich selbst.

Der Körper des Entleins hatte lange Zeit hören und fühlen müssen, dass es anders war. Der Körper verhielt sich hässlich. Er verhielt sich tollpatschig, weil es von ihm erwartet wurde.
Erst als das Entlein sich von den Schwingungen seiner Geschwister lösen konnte und mit dem Schwan in *Resonanz* ging, fühlte es sich für das Entlein „richtig" an, und alles änderte sich.

Was Hans Christian Andersen da so wundervoll traurig geschrieben hat, ist eine schöne Metapher für Energieaustausch und Körper.
Natürlich hört auch das Wesen/Seele zu. Ist diese allerdings gefestigt und sie selbst, macht es ihr nichts aus, wenn man sie als hässlich bezeichnet. Sie geht nicht in Resonanz mit dem Gehörten und es prallt in der Regel von ihr und ihrem Körper ab. Sie bleibt einfach bei ihrer Blaupause, ihrem Ursprung, und nicht bei dem, was andere versuchen darauf zu kritzeln.

Aber wusstest du auch, dass jede Zelle ein Gedächtnis hat?

Jeder Gedanke, Emotion oder Gesprochenes wird von unserer Zell-Gemeinde zur Kenntnis genommen. Jede Berührung wird wahrgenommen und im Zellgedächtnis gespeichert.

Was speichert der Körper bzw. seine Zellen und welchen Einfluss hat dies auf Verhalten, Krankheiten und den Körper?

Unsere Tiere begleiten uns nicht nur körperlich, sondern ebenso in unseren Gedanken. Wie oft denkst du an dein Tier, wenn es in deiner Gegenwart oder auch abwesend ist? Wie oft sprichst du über es, in An- und Abwesenheit?

Der Körper deines Tiers kann all dies empfangen, denn er ist ja mit dir besonders in Resonanz. Es spielt keine Rolle, ob dein Tier gerade neben dir sitzt oder ob du im Büro von ihm erzählst. Die Energien, die uns alle umgeben, kennen weder Zeit noch Entfernung. Körper bzw. seine Zellen nehmen Schwingungen wahr, ohne unterscheiden zu können, ob es eine Befürchtung deinerseits oder eine Vermutung, Wunsch oder Tatsache ist. Oder hast du vielleicht selbst ein Thema mit Krankheit, Ängsten, Unsicherheiten, über die du oft nachdenkst? Hat dein Tier vielleicht sogar eine ähnliche Krankheit wie du?

Bleiben wir noch einmal kurz bei unserem Entlein. Ihm wurde jeden Tag gesagt, dass es hässlich sei. Die Energie von hässlich hat eine bestimmte Schwingung. Dem täglich ausgesetzt worden zu sein, machte unser Entlein wirklich hässlich. Sein Körper hat sich dieser Energie angepasst und genau das kreiert, was man wohl als hässlich bezeichnet. Sein Gefieder war ohne Glanz, durcheinander und struppig. Sein Körper kraftlos und unförmig.

Aber war das seins? War das die Wahrheit?

Auch die Energie von Angst hat eine bestimmte Schwingung/ Frequenz. Da sie für den Organismus jedoch wichtig für das Überleben ist - sie soll uns ja vor Gefahren warnen und uns vorsichtiger handeln lassen - wird sie besonders schnell im Zellgedächtnis gespeichert. *(Dafür scheint es in unserer Zell-Gemeinde ein extra Silo zu geben).*

Angst wird meist mit einem Auslöser oder einer Erfahrung verknüpft und ist im Eigentlichen nur ein „Schrecken", der zu einer Handlung führen soll. Die Emotion Angst ist nur so groß, wie du sie machst und zulässt. Denn eigentlich ist Angst nur ein Warnsystem.

Tiere, besonders aus dem Tierschutz, haben diese Emotion in oftmals großen Mengen in ihren Silos. In einem Tierheim festzusitzen, vielleicht über Jahre, und jeden Tag dieser Frequenz ausgesetzt zu sein, ist ähnlich wie bei unserem Entlein. Irgendwann ist dies so abgespeichert und der Körper reagiert mit Winseln, Zittern, Erstarren, Beißen, etc. (Beim Hund löst Stress/Angst in der Natur das sogenannte *Fight, Flight or Freeze* aus. Also Kampf, Flucht oder Einfrieren/Erstarren. Tierschutzhunde speichern das ab, was ihnen auf engstem Raum möglich war).

Auch wenn sie mittlerweile ein tolles Zuhause mit liebevollen Menschen haben, schaffen es einige nicht, diese Silos zu leeren, denn hier sind sie zwar nicht der gefühlten Angst anderer ausgesetzt, aber Worten, Taten und Gedanken. Meist werden diese Tiere dann als Angsthund deklariert. Der Körper reagiert jedoch nur, denn er empfängt deine Gedanken und Worte, die die Frequenz von Angst ja bereits enthalten, wenn du nur darüber nachdenkst, ob du diese oder jene Gassirunde mit ihm gehen kannst. Du stellst dir gedanklich bereits all die Dinge vor, die Angst machen könnten. Der Körper des Tiers liefert auch dies brav ab, denn wie er reagieren muss, hat er ja in seinem Zellgedächtnis/ Silo gespeichert.

Aber gehört das alles ihm? Ist das seine eigene Angst?

Das Zellgedächtnis der Schmerzen kennst du bestimmt selbst. Jeder, der schon einmal einen Bruch oder Verletzung hatte, weiß, wie lange unser Körper in der Lage ist, dies abzuspeichern. Man muss nur daran denken und schon ist er wieder da: Der Schmerz, obwohl bereits Jahre vergangen sind. Phantomschmerzen einer amputierten Gliedmaße zeigen dies ebenfalls sehr deutlich.

Der Körper meiner Hündin Smilla reagiert nach wie vor auf das Heben eines Stockes. Sie hat den Schmerz abgespeichert, der ihr damit zugefügt wurde, obwohl sie weiß, dass wir ihn niemals zu anderen Zwecken als zum Werfen nutzen würden.

Genauso ist es mit dem Juckgedächtnis. Eine lang verheilte Hauterkrankung juckt und juckt, obwohl eigentlich nichts mehr da ist. Man kratzt sich dennoch. Der Körper reagiert einfach.

Viele Krankheiten, die unsere Begleiter im Laufe des Lebens entwickeln können, sind nicht pathologisch entstanden. Ein funktionierender, gesunder Körper benötigt immer eine dementsprechende Ernährung und Bewegung.

Du erinnerst dich an unsere Zell-Gemeinde und den Supermarkt um die Ecke? Ein Mangel eines einzelnen Produkts in deinem Supermarkt kann eine Kettenreaktion darstellen. Solltest du also kein Mehl für deinen Kuchen im Regal finden, hat auch dies Auswirkungen. Entweder du findest eine nicht so effektive Alternative, oder es gibt keinen Kuchen.

Körper funktionieren ähnlich wie dein Supermarkt. Die diffusen Werbe- und Kaufaufforderungen sind vergleichbar mit dem, was der Körper an Frequenzen empfängt. Hört er sie oft genug oder liest die einladenden Werbeslogans, kauft er irgendwann einmal diesen Artikel, obwohl er ihn gar nicht wollte.

Die Waren im Supermarkt sind aufeinander abgestimmt. Fehlt etwas, und es kann nicht durch eine gleichwertige Alternative ersetzt werden, kommt es an irgendeiner Stelle zu einem Mangel. In deinem Fall gibt es keinen Kuchen für die Sonntagskaffeerunde.

Krankheit ist oftmals das Resultat von dem, was der Körper aus Gedanken, Emotionen etc. kreiert oder abliefert. Er hat die

Werbung aus dem Supermarkt abgekauft.

Wenn du einen Gedanken an eine bestimmte Erkrankung immer wieder hast, dich vielleicht mit der Symptomatik etc. auseinandergesetzt hast, schickst du dem Körper oftmals unbewusst das Wissen darüber, wie Krankheit XY verläuft, welche Schmerzen es bereitet und wie sie behandelt wird.

Möglicherweise musst du dich ja gerade selbst damit intensiv befassen, weil du oder jemand, der dir nahe steht, selbst erkrankt ist.

Einige unserer Tiere übernehmen einen Teil von Krankheiten, die ihr menschlicher Begleiter selbst hat. Denn jedes Tier ist auch ein Teil seines Begleiters - und umgekehrt.

Um den Körper deines Tiers lesen und verstehen zu können, solltest du dir darüber bewusst sein, was „unter" jeder Krankheit, Verhalten etc. verborgen ist: Ist das, was dein Tier zeigt, das, was es zu sein scheint? Ist es wirklich seine Energie?

Übung: Körperbewusstsein

Betrachte dein Tier einmal ganz neutral. Lass all deine Gefühle ihm gegenüber einmal kurz in eine Neutral-Position, denn nur so kannst du unvoreingenommen empfangen.

Stelle dem Körper deines Tiers, egal welches Thema betreffend, die Frage: *Wahrheit Körper! Wem gehört das? Ist das deine Energie?*

Spüre einmal, wie es sich anfühlt. Wird es leichter oder schwerer? Wenn es nicht „seins" ist, kannst du dem Körper erlauben, es einfach aufzulösen oder loszulassen. Es ist eine und seine Wahl.

Frage den Körper, was er davon hat, an XY festzuhalten. Was würde es verändern, wenn er es einfach loslässt? Denn es ist NICHT SEINS!

✳ Im Onlinebereich findest du zu dieser Übung noch ein Audio zum Thema „Nimm den Körper deines Tiers wahr"

Manchmal braucht es etwas, bis du ein Gespür dafür bekommst, herauszufinden, wo etwas verborgen ist. Körper lieben es, wenn man mit ihnen kommuniziert.

Du kannst auch deine Hände auf eine bestimmte Stelle des Körpers legen. Öffne dein Herz und spüre die Antwort des Körpers.

Wem gehört diese Energie? Ist das wahr?

Wenn dein Tier vielleicht gerade Schmerzen hat, kannst du hiermit diese Schmerzen hinterfragen, erspüren und durch den Energiefluss, der durch deine Liebe fließt, ein wenig lindern. Du kannst gleichzeitig heilende Energien (z.B. Reiki, Noahs Tierenergie oder anderes) fließen lassen, wenn du dies bereits kannst.

Wie du auch in Zeiten der Krankheit mit deinem Tier wachsen kannst

von Lara Pauly

Kennst du dieses Gefühl, wenn eine einzige Sache in deinem Leben so wichtig ist, dass alles andere plötzlich nebensächlich wird? Wenn dir all die Dinge, denen du in deinem Alltag manchmal hinterher hetzt, auf einmal egal sind? Weil sie von einer einzigen anderen Sache einfach vollständig überschattet werden?

Bei mir kommt dieses Gefühl immer dann hoch, wenn etwas vollkommen Unerwartetes in mein Leben tritt. Manchmal ist das etwas ganz unerwartet Wunderbares. Aber es kann genauso gut etwas sein, das mir - zumindest im ersten Moment - unerträglich schlimm erscheint.

Was das Gefühl für mich aber immer bedeutet: Es entsteht genau in den Momenten, in denen ich es schaffe, mich von jetzt auf gleich auf eine einzige Sache zu fokussieren und all meine Energie genau dort hineinzustecken. Das ist es, was dieses Gefühl für mich so wertvoll macht.

Und das ist auch der Grund, warum genau dieses Gefühl mir dazu verholfen hat, meine Ansichten und meinen Umgang mit den unerwartet schlimmen Themen im Leben grundlegend zu verändern.

Denn wenn wir es schaffen, dieses Gefühl ganz bewusst wahrzunehmen und zu durchleben, können wir sogar hinter Krankheiten, Unfällen oder anderen „Schicksalsschlägen" etwas Positives entdecken: Ein kleines Geschenk, das hinter all der Anstrengung und dem Leid verborgen liegt. Wie dieses Geschenk aussieht, kann nur jeder selber herausfinden. Aber das Besondere bei Krankheiten oder Verletzungen unserer Tiere — um die es in diesem Kapitel gehen soll - ist, dass wir uns nicht alleine, sondern **gemeinsam** auf die Suche nach diesem Präsent machen können.

Wirklich bewusst geworden ist mir das alles vor ein paar Jahren, als mein Pony einen schweren Unfall hatte. Dabei verletzte sie sich ihr linkes Hinterbein so stark, dass sie fast ein ganzes Jahr lang in der Box stehen musste und wir nur zum Putzen, Grasen oder für kurze, kontrollierte Schritt-Spaziergänge nach draußen durften.

Ich steckte all meine Energie dort hinein und richtete meinen Alltag komplett darauf aus, Hjoerdis so gut ich nur konnte zu versorgen und in ihrer Heilung zu unterstützen. Ich erlebte unzählige Momente der Trauer und Hoffnungslosigkeit. Ich wusste nicht, ob ich Hjoerdis jemals wieder reiten konnte.

Ich wusste nicht, ob sie irgendwann einmal wieder in ihre geliebte Stutenherde zurück integriert werden könnte. Und ich wusste nicht einmal, ob sie jemals wieder ohne bleibende Gehbehinderung laufen könnte. In diesen Momenten sah ich manchmal einfach alles rabenschwarz, und immer mal wieder war ich kurz davor, einfach aufzugeben.

Aber es gab auch andere Momente, in denen ich genau das Gegenteil fühlte. In denen ich voller Hoffnung war, dass einfach alles wieder so wird wie vor Hjoerdis Unfall. Und in denen ich völlig selbstverständlich alles tat, von dem ich mir auch nur die klitzekleinste Chance erhoffte, dass es uns zurück zu einer Zeit wie vor dem Unfall verhelfen könnte. Dieses Ziel hatte ich fest im Blick. Das half mir dabei, trotz all meiner immer wiederkehrenden Zweifel tapfer weiterzukämpfen.

Und so wurde Hjoerdis tatsächlich nach ein paar Monaten langsam aber sicher immer stärker und fitter. Sie kämpfte sich mit mir zusammen zurück in ihre Kraft, bis wir sogar an einen Punkt kamen, an dem ich mich das erste Mal wieder auf ihren Rücken traute.

Ich versuchte ein paar Mal, Hjoerdis wieder zu reiten. Aber anstatt vor Freude überzusprudeln, fühlte es sich irgendwie falsch an. Als ob es einfach nicht richtig wäre, was wir da taten. Und als sie bei einem meiner Reitversuche erneut stürzte – zum

Glück passierte uns beiden dabei nichts - stieg ich nicht mehr wieder auf.

Auch die Integration in ihre alte Herde funktionierte nicht. Zwei Stuten, die in der Zwischenzeit neu in die Herde gekommen waren, ließen Hjoerdis nicht an Heu und Wasser und versuchten ständig, sie zu treten. Statt sich zu wehren und ihren alten Rang zu verteidigen, versuchte Hjoerdis auszuweichen und den beiden zu entkommen. Ihre alte Herde war damit für uns Geschichte. Das Einzige, was blieb, war ihr neues, unsauberes Gangbild. Ihre Hinterbeine waren zwar wieder stabil und kräftig, aber sie rollte nicht mehr richtig ab. Man konnte es auf den ersten Blick sehen. Und egal, was wir alles versuchten, diese Gehbehinderung ist bis heute — knapp fünf Jahre später — geblieben.

Es fühlte sich an wie gnadenlos gescheitert. Ich hatte drei Ziele gehabt, auf die ich die ganze Zeit lang hingearbeitet hatte: Hjoerdis wieder reiten, sie wieder in ihre alte Herde integrieren und ihre Heilung bis zu einem makellosen Gangbild zu erreichen. Aber nicht ein einziges davon hatten wir erreicht. Erfolgsquote: 0 %.

Ich weiß nicht, wieviele Tränen ich geweint habe, als ich mich gezwungen sah, dieser Wahrheit ins Auge zu blicken. Aber es tat gut, sie zu weinen.

Und das Beste war, dass mich jeder verstand. Und dass niemand mir gutgemeinte Ratschläge gab, weil für unsere Situation niemand mehr Rat wusste. So konnte ich mich wenigstens ohne den leisesten Hauch eines schlechten Gewissens in meiner Trauer und in meinem Selbstmitleid suhlen. So lange, bis ich irgendwann merkte, dass das Leben trotzdem weitergeht, auch wenn man noch so viele Tränen weint. Es bleibt nicht stehen. Und es wird auch nicht mehr wie früher.

Das alte Leben ist Vergangenheit. Es kommt nicht mehr zurück. Es blieb mir nichts anderes mehr übrig, als unser so sehr vermisstes „altes" Leben in Liebe zurück- und meine verfehlten

Ziele loszulassen. Aus heutiger Sicht weiß ich: **Das** war das Geschenk, das hinter Hjoerdis Unfall und ihrer Zeit des Krankseins für uns bereitlag!

Denn ich hatte jetzt ein Pferd, das nicht mehr reitbar war. Was ich damit „machen" sollte, wusste ich noch nicht so recht. Das einzige, was ich wusste, war, dass ich sie nicht einfach „in Rente" schicken konnte. Das brachte ich nicht übers Herz. Denn Hjoerdis war keine Rentnerin.

Sie war immer noch ein kleines freches Rennpony, das die Welt erobern wollte. Rente kam für sie überhaupt nicht in Frage! Blieb also noch „alles andere" übrig. Alles andere, was man mit einem Pferd eben machen kann – außer Reiten. Ganz schön herausfordernd allerdings, wenn dieses Pferd eine Besitzerin hat, die sich ihr ganzes Leben lang nur aufs Reiten fokussiert hat und von Bodenarbeit einfach absolut keine Ahnung hatte.

Okay, „Longieren" in Form von Pferd-an-einer-langen-Leine-im-Kreis-um-sich-herumlaufen-lassen und Spazierengehen konnte ich immerhin schon. Damit fingen wir also an. Und von dieser Basis aus probierten wir nach und nach immer mehr neue Sachen aus:

Freiarbeit, Laufenlassen, Führlongieren, Doppellonge, Zirkuslektionen, Langzügelarbeit, Stangenarbeit, Spielen, zusammen Meditieren, zusammen nichts tun.

Was uns Spaß machte, nahmen wir in unser Repertoire auf. Was uns beiden oder einer von uns nicht so gut gefiel, ließen wir einfach ganz schnell wieder bleiben. Und das Schönste daran war: wir entschieden von nun an **gemeinsam**, was wir machen wollten. Es war jetzt nicht mehr ich alleine, die unbedingt reiten wollte und dabei auch noch unbedingt immer besser werden wollte.

Ich glaube, dadurch, dass ich mein früher so krampfhaft verfolgtes Ziel der Reiterei durch Hjoerdis Krankheit endlich loslassen **musste** und sich diese Tür so unerwartet einfach geschlossen hat, ist bei uns beiden unglaublich viel Druck abgefallen. Wir sind offen für neue, andere Dinge geworden.

Und es haben sich so viele wunderbare neue Türen für uns geöffnet. Seit Hjoerdis mitentscheiden darf und ich nicht mehr nur meine eigenen Ziele verfolge, sondern auch ihre Meinung mit einfließen lasse, hat sie so viel Selbstbewusstsein dazu gewonnen.

Nach und nach hat sie immer mehr Vertrauen zu mir und zu sich selbst gefasst. Sie ist ausdrucksstärker geworden, zeigt mir, was sie braucht und was sie möchte und strahlt aus tiefster Seele.

Die kleine schneeweiße Islandstute piaffiert am Langzügel wie der Stolzeste aller Lipizzanerhengste. Und wer auch immer mich nach ihrem Alter fragt, der staunt nicht schlecht, wenn sie von den 25 Lebensjahren meiner so viel jünger wirkenden Ponydame hören. So habe auch ich die Arbeit vom Boden aus schätzen und lieben gelernt und vermisse es mitnichten, dass ich meine geliebte Hjoerdis nicht mehr reiten kann.

Ich bin mir sicher, dass es Pferde gibt, die - unter den richtigen Voraussetzungen - gerne geritten werden. Und auch ich liebe das Reiten nach wie vor. Aber ich bin mir ebenso sicher, dass Hjoerdis nicht zu diesen Pferden gehört und auch schon vor ihrem Unfall nicht mehr so großen Gefallen am Gerittenwerden finden konnte.

Denn schon vor unserer „Zwangspause" hatte ich beim Reiten immer mal wieder ein komisches Gefühl, dass etwas nicht richtig ist. Aber ich habe es immer wieder schnell verdrängt, weil ich Angst hatte vor der Erkenntnis, die ich haben würde, wenn ich diesem Gefühl weiter auf den Grund gehen würde: dass Hjoerdis das Reiten – zumindest an manchen Tagen - nicht mag.

Aber durch ihre Krankheit haben wir das Geschenk entdeckt, neue Wege auszuprobieren und unseren ganz eigenen Weg zu finden, auf dem wir beide glücklich sind. Und wir haben eine so tiefe Verbindung zueinander aufgebaut, wie ich es mir früher nicht zu träumen gewagt hätte.

Ich glaube, das Gefühl, das ich ganz am Anfang dieses Kapitels beschrieben habe, begegnet uns in Zeiten von Krankheit unserer Tiere immer wieder. Es ist ein Zeichen dafür, wie sehr wir unsere Tiere lieben.

Wenn die ganze Welt um uns herum ganz plötzlich still zu stehen scheint, und sich unser Herz und unser Kopf nur um unser Tier und seine Gesundheit drehen, dann dürfen wir diesen Moment auch einfach mal genießen. Denn ist er nicht bereits ein wertvoller Teil unseres Präsents, das hinter dieser noch so schlimm erscheinenden Krankheit stecken kann?

Wir sind in diesem Moment vollkommen präsent für unser Tier. Und wenn wir uns dessen bewusst sind, fällt es uns in genau diesem Augenblick ganz besonders leicht, uns mit unserem Tier zu verbinden und die Energie und das starke Band zwischen uns beiden ganz deutlich zu spüren. Denn alles andere, alles potenzielle Störende in unserem Außen, ist in diesem Augenblick und für eine kleine Weile lang ausgeblendet. Alles, was wir sonst in unserem Alltag für so wichtig halten, ist es in diesem Moment gar nicht mehr. Es ist ein Moment, der nur uns beiden gehört: nur meinem Tier und mir!

Sieh das Geschenk hinter der Krankheit

Werden dein Tier und du auch gerade durch eine Krankheit ausgebremst? Vielleicht fragst du dich gerade: **Was ist unser Geschenk hinter dieser Krankheit?**

Gehe an einen Ort, an dem du ganz ungestört sein kannst und mache es dir bequem. Lade dein Tier ein, an deine Seite zu kommen. Das kann physisch sein oder „nur"energetisch; es muss dafür nicht anwesend sein.

Atme nun einmal tief ein und wieder aus. Und noch tiefer ein. Und noch tiefer wieder aus. Wenn du magst, schließe dabei deine Augen. Spüre die Luft, wie sie deinen Körper beim Einatmen durchströmt. Und dann spüre, wie sie deinen Körper beim Ausatmen wieder verlässt. Wiederhole dies so oft, bis du das Gefühl hast, vollständig bei **dir** angekommen zu sein.

Nun denke an **dein Tier**:
- Was verbindet euch beide?
- Was fühlst du tief in deinem Herzen, wenn du an eure einzigartige Verbindung zueinander denkst?
- Was liebst du ganz besonders an deinem Tier?
- Wofür bist du ihm besonders dankbar?
- Und wofür, glaubst du, ist dein Tier dir besonders dankbar?
- Was liebt dein Tier ganz besonders an dir?

Genieße diesen Augenblick. Nimm die Energie der Liebe und der Dankbarkeit, die deinen Körper nun durchströmt, ganz achtsam und bewusst wahr. Spüre die innige Beziehung, die dich so tief mit deinem Tier verbindet.

*Im Onlinebereich findest du zu dieser Übung noch ein Audio, das etwas mehr in die Tiefe geht.

45

Die Angst vor dem Reitunfall oder: Wie löst du das Trauma eines Unfalls?

von Rabea Groß

Die letzten Tage im Reiturlaub

Es war mein letzter Urlaubstag mit dem Pferd. Ab morgen wollte ich eine „pferdefreie" Urlaubswoche erleben.

Bisher war es ein spannender Urlaub mit vielen aufregenden und tollen Erfahrungen gewesen. Ich hatte unvorbereitet und spontan an einer Prüfung im Gelände teilgenommen. Nie hätte ich mir vorher zugetraut, über solch hohe Naturhindernisse zu springen. Ich war in guter Stimmung. Nur morgens die Pferdeverteilung war mir immer unangenehm.

Frühmorgens standen alle reitenden Urlauber in der Reithalle und warteten auf die Verteilung der Pferde. Es war eine sehr große Halle, die auch zum Fahren genutzt wurde. Ich hatte niemals vorher solch eine Halle von 100 x 20m gesehen. Es war draußen kühl. Mir war kalt und warm zugleich. Ich war wie immer sehr aufgeregt.

Mir war es peinlich, beurteilt zu werden, wen ich reiten kann und darf. Und ich hätte mir so gerne meinen Partner für den Tag selbst ausgesucht. Meine favorisierten Pferde wurden an andere Gäste verteilt. Ich bekam die große schwarze Stute. Na prima. Noch vor wenigen Tagen bekam ich mit, wie sie sehr lange ablongiert werden musste. Sie war sehr unsicher und nervös. Sie rannte und buckelte so lange, bis sie langsam müde wurde und sich mehr oder weniger ergab. „Das ist typisch für sie. Sie ist ein ausgemustertes Rennpferd und stand jetzt lange in der Box. Aber wenn sie erst einmal wieder im Unterricht läuft, ist sie super."

War das ein Pferd, das ich reiten wollte? Mir blieb wohl keine Wahl. Dachte ich. Heute würde ich alles anders machen, aber darum geht es jetzt nicht.

Ich zweifelte, machte es mir unwissentlich schwer, hatte Eewertungen und Ansichten über das Tier und möglicherweise über die Haltung und das gesamte Konzept.

Die Stute wurde ablongiert und mir übergeben; wir sollten uns erst einmal aneinander gewöhnen und eigenständig in der Halle reiten. Mir war mulmig, dennoch klappte es ganz gut. Sie war sehr fein zu reiten und reagierte prompt. Es wurde eine ganz angenehme Unterrichtseinheit.

Wir waren bereits in der Cool-Down-Phase am hingegebenen Zügel, als wir an der Hallentür vorbeikamen. Draußen spielten wieder die zwei Junghengste - wie so oft. Irgend etwas daran störte meine Stute. Sie machte einen Satz und schoss los. Direkt in den Galopp.

Ich versuchte, sie anzuhalten. Sie reagierte mit Gegendruck. Alle anderen Reiter hielten ihre Pferde direkt an und blieben wie in einem Stummfilm stehen. Die Stute gab an der langen Seite noch mehr Gas. Da bekam ich Panik. Ich bekam sie zum Stehen und Wenden und sie dornerte direkt wieder los. Zeitgleich stieg und buckelte sie. Ich flog und landete mit dem kompletten Körper an der Bande.

Der Trainer bat mich, sofort aufzustehen und wieder aufzusteigen. Ich wusste: Ich darf auf keinen Fall aufstehen. Die Gefahr, dass ich bleibende Schäden haben könnte, war zu hoch. Aber ich reagierte nur noch und konnte nicht mehr selbstbestimmt handeln. Ich versuchte, aufzustehen und konnte mich vor Schmerzen kaum rühren. Also blieb ich liegen. Ich hatte einfach nur Angst.

Nach dem Krankenhausaufenthalt und guter umfassender Therapie war ich wieder hergestellt. Körperlich. Über viele Monate erlebte ich Nacht für Nacht den Unfall erneut. Ich war auf einmal ein ängstlicher Mensch, der ich vorher nicht war. Ich hatte

Höhenangst. Ich hatte viele diffuse Ängste, die neu für mich waren. Heute weiß ich, warum.

Ich trat meine neue Stelle als Betriebsleiterin in einem Gestüt an. Ob ich reite, wurde mir freigestellt. Ich wollte es. Aber es musste jemand in der Halle stehen. Alles ging angstfrei, wenn nur jemand da war. Was ein Unsinn! Aber sind Ängste immer erklärbar?

Inzwischen weiß die Wissenschaft aus der Epigenetik, dass eine Angst andere Phobien hervorrufen kann. Auch sind Ängste und emotionale Erlebnisse vererbbar. Aber sie sind auch veränderbar! Sie können durch emotional positive Erlebnisse ersetzt und somit gelöscht werden.

Willst du deine Ängste in neue wunderbare Leichtigkeit verändern?
Du bist noch unsicher? Willst du dich mit mir auf den Weg machen? Es wäre mir eine Ehre und besondere Freude.
Mein Leben sieht inzwischen anders aus. Es ist wieder bunt und voller Sonne. Was habe ich in der Zwischenzeit verändert?

Ich interessierte mich damals nicht für die wissenschaftlichen Erkenntnisse. Ich war froh, wenn ich nicht an das Erlebte dachte. Hin und wieder kam es sogar vor, dass ich „dachte", das Thema wäre ohnehin erledigt. Und dann kam es plötzlich unaufgefordert um die Ecke. Es löste sich jedes Mal wieder auf. Und immer ein Stückchen mehr.
Und was habe ich konkret bewusst verändert?

Ich habe MEINEN Partner und Co-Coach getroffen. Mein Pferd, ein unter dem Sattel unsicheres junges, fast rohes Pferdchen. Er forderte Sicherheit vom ersten bis zum heutigen Tage.
Das soll aber nicht heißen, dass du ein unsicheres Pferd zu dir holen sollst! ;-) Nach wie vor bin ich ein Freund von dem Sprichwort: Junges Pferd - Alter Reiter. Altes Pferd - Junger Reiter. In unserem Fall war es anders.

Ich habe ihn am Boden ausgebildet. Er sollte Selbstsicherheit, Souveränität und Eigenverantwortung lernen. Ja genau. Ich möchte nicht die Kontrolle, sondern in unserem System hat jeder das Recht auf freie Meinungsäußerung. Wenn die Grundbedürfnisse des Flucht-, Steppen-, Lauf- und Herdentieres langzeitig erfüllt sind und seine Sinne stimuliert, kann selbst ein unsicheres Pferd sicher und entspannt sein. Und selbst in der Not kann es dann eine Entscheidung treffen, die ein anderes Pferd nie erleben durfte. Er ist jetzt ein sicheres, lustiges, aktives, eigensinniges Pferd.

Und wie war das mit dem Reiten?

Ich habe ihn von Grund auf neu unter dem Reiter ausbilden lassen und habe zeitgleich diese für mich neue Art des Reitens auf erfahrenen Pferden gelernt und direkt mit ihm umgesetzt. Noch heute braucht er sehr viel Unterstützung. Und alte Muster werden bei jedem Reiter von mir durch möglichst viele positive ersetzt.

Was hat das bei mir verändert? Ich weiß jetzt, was ich mir zutrauen kann. Dass meine Ängste lange keine Ängste mehr sind. Dass er sich nicht auf mich einlassen könnte, wenn ich nicht entspannt, feinfühlig und liebevoll konsequent spielerisch mit ihm umgehen würde.

Und dann kam der Tag der Tage: Wir waren mit meiner Freundin und seinem Freund wie so oft im Wald. Die Pferde wollten galoppieren und schwupps, war dieses mulmige Gefühl da: Was ist, wenn er durchgeht?

Und dann setzte ich einfach um, was ich gelernt hatte. Nicht im Außen zu sein. Nicht mich leben zu lassen. Ich wollte aktiv daran teilhaben und mitkreieren, was hier geschah. Also sprach ich nonverbal mit ihm: „Ich habe Angst, dass ich falle. Ich kann dich heute nicht galoppieren."

Und er antwortete!

Ich beschütze dich. Du fällst nicht. Ich passe auf dich auf. Ich muss jetzt einfach galoppieren.

Und dann hatten wir so unglaublich viel Spaß. Ich hatte Tränen in den Augen. Sonst kann er zeitweise so verunsichert sein, wenn er geritten wird, dass er nicht geradeaus laufen kann und es sich sehr schlangenartig anfühlt; doch nun habe ich einen Beschützer für den Galopp.

Das war aber nicht alles. Ich habe energetische Handauflegeprozesse kennengelernt. Diese haben Blockaden im Körper gelöst, von denen ich nicht wusste, dass ich sie habe. Und sie haben meine Gedanken, Gefühle, Emotionen und Ansichten auf mich, mein Reiten, mein Wissen verändert. In meinem Kopf spürte ich mehr Raum und Leichtigkeit. Alles, was nicht relevant oder sogar destruktiv war und ist, wird gelöscht.

Energetisch habe ich auch viel verändert. Ich habe zum Beispiel angefangen, Fragen zu stellen.

- Möchte ich dieses Pferd jetzt reiten?
- Wie geht es dem Pferd?
- Möchte es eigentlich auch von mir geritten werden?
- Wie nimmt mein Pferd mich wahr?
- Was liest mein Pferd in meiner Körpersprache?
- Kann ich meine Körpersprache so bewusst einsetzen, dass wir keine Missverständnisse haben?
- Wie präsent bin ich gerade?

Wenn du bereit bist, eine neue Möglichkeit in dein Leben zu lassen, lade ich dich auf eine spannende Reise ein.

Kombinierte Übung aus der 3-Punkt-Übung und Fragen, die du nicht beantworten musst:

Schließe deine Augen. Spüre gleichzeitig drei Stellen an deinem Körper. So bist du bewusst präsent. Stelle dir offene Fragen, ohne sie zu beantworten:

- Was kreiert momentan mehr Leichtigkeit für mich: Reiten oder nicht-Reiten?
- Was benötige ich noch an dem Gefühl von Angst? Kann ich es jetzt loslassen?
- Ist das wirklich meine Angst - oder nehme ich die Angst eines anderen wahr?
- Was ist es wirklich, was steht hinter dieser Angst?
- Was erlaube ich mir noch nicht zu sein, zu wissen und zu tun, was die Situation verändern könnte?

✱ Im Onlinebereich findest du zu dieser Übung noch ein Audio, das etwas mehr in die Tiefe geht.

Heute kommt nur noch selten ein Gedanke an damals. Und wenn, dann ist er nicht mehr voller Ladung. Es gehört zu mir und war ein weiteres Puzzleteil, damit ich mich so entwickeln konnte, wie ich momentan bin.

Ich bin der Stute dankbar, dass sie eine zeitlang meine Begleitung war und so viel in mir verändert hat.

Ich wünsche dir viel Freude mit ganz viel Veränderung in all deinen Lebensbereichen.

Bereich 2: Dein persönlicher Weg mit Tieren

Wie Pferde mir mein Ich zeigten

von Rabea Groß

Aus der Chefetage in den Stall

Da saß ich nun, mit einer Handtasche auf den Schoß gepresst, auf der Terrasse des Gestüts. Mein bisheriger Arbeitgeber hatte Konkurs angemeldet. Ich könnte mit in eine andere Großstadt gehen und dort weiterhin für den Vorstand arbeiten. Aber ich saß hier, in einem Vorstellungsgespräch für eine Ausbildung zum Pferdewirt. Ich wollte es unbedingt. Reiten? Kann ich nicht. Ich will ja nicht im Schwerpunkt Reiten ausgebildet werden. Das werde ich lernen (müssen).

Das war ein ausschlaggebendes Argument für die Ausbilder. Die meisten Bewerber sind jung und möchten den ganzen Tag reiten. Ich war Ende 20, leicht übergewichtig und fast 10 Jahre erfolgreich in meinem Job.

Was war meine Intention? Ich wollte mit den Tieren zusammensein und zur Gesunderhaltung mein Bestes geben.

Ich bekam die Stelle. Und es begann ein komplett neues Leben.

Es war wahrscheinlich das erste Mal in meinem Leben, dass ich meinen eigenen Weg ging, ohne zig Menschen zu fragen, was wohl der richtige Pfad sei. Viele Menschen haben mir abgeraten. Ohne, dass ich sie um ihre Meinung gebeten hätte. Es waren aber auch viele, die sagten, ich solle es unbedingt machen. Es wäre doch schon so lange mein Wunsch.

Muss ich denn alles bewerten? Kann ich nicht einfach nur wahrnehmen und es dabei belassen?

Wir wachsen in einer Welt voller Bewertungen auf. Schon früh bekommen wir Hinweise, was wir gut und nicht so gut gemacht haben. Noten werden verteilt. Nach Systemen, die nicht den

Menschen im Ganzen erfassen, sondern die reine Leistung.

Was mache ich daraus? Bewerte ich auch oder versuche ich immer mehr, ich zu sein und andere sein zu lassen, wie sie sind? Es ist meine Wahl und Entscheidung.

Zurück im Gestüt. Es war tatsächlich ein Leben voller Abenteuer, die nicht immer angenehm waren. Ein Hengst hat mich in einer Box massiv bedrängt und es musste mich jemand retten. Ein junges Pferd hat mich verprügelt, weil es etwas machen sollte, was es absolut nicht verstand und wollte.

Ich musste mir immer wieder anhören, dass es mein Fehler sei. Ich muss durchgreifen und härter sein. Oft war ich überfordert, aber der festen Überzeugung, dass ich es packen werde. Ich wurde härter, fühlte mich dabei miserabel und es änderte sich von Seiten der Pferde nicht viel. Manche unterwarfen sich, aber ich spürte, dass sie mir nicht vertrauen konnten.

Wie oft wurde dir ein Weg gezeigt, der sich nicht stimmig anfühlte? Du hast getan, wie dir geraten wurde, weil du dachtest, die anderen werden schon wissen, was richtig ist.

Ein Ausbilder hat mir einen anderen Weg gezeigt. Ich solle immer zuerst auf mich achten und immer auf mein Herz hören. Heute weiß ich, dass diese zwei Hinweise mehr Bedeutung haben, als mir damals bewusst war.

Eine hochtragende Stute hatte eine Kolik und stand stöhnend auf der Koppel. Ich rief sofort den Tierarzt. Die Stute schaute mich sehr intensiv an und zeigte auf ihren Bauch. Ich legte meine Hand dorthin, ohne Gedanken, ohne Erwartung. Sie stöhnte laut, ich zog die Hand weg, sie kickte mit dem Hinterbein aus und galoppierte davon.

Ich war fassungslos und erleichtert zugleich. Was ist passiert? War ich das? War das ein Zufall? An Zufällen oder Schicksal habe ich allerdings meine Zweifel.

Mir kam ein Erlebnis eines Arztes in den Sinn, der mir Jahre zuvor mit ganzheitlichen Therapien starke Schmerzen genommen hat. Was er damals tat, konnte ich nicht verstehen und glaubte auch nicht dran.

Einmal sagte er: „Sie glauben nicht daran, was ich hier tue, aber Sie werden sehen, dass es hilft!" Es hat geholfen. Die vielen Medikamente waren nicht mehr notwendig und die Schmerzen verschwanden. Er sagte, ich hätte besondere Fähigkeiten. Und er spürt, dass ich das ablehne. Damit würde ich mir allerdings schaden. Und tatsächlich wollte ich damals damit nichts zu tun haben!

Das Erlebnis mit der Stute war mein Wendepunkt. Ich begann zu grübeln, ob es wirklich so war, dass da Fähigkeiten schlummerten, die mir Angst machten, aber die einfach da waren. Ich konnte doch nichts Besonderes sein. So, wie mir immer alle sagen, was ich alles falsch mache?! Ständig krank, nicht dazugehörend, ich fühlte mich immer fehl am Platz. Außerdem wollte ich ja nicht überheblich sein. Das hätten aber andere denken können, wenn ich es verraten hätte.

Jahre später und erstklassig ausgebildet, hatte ich viel Erfolg in der Jungpferdeaufzucht. Was hatte sich in der Zwischenzeit getan?

Ich habe nicht nach Lehrbuch mit den Fohlen „gearbeitet", sondern mich einfach zu den Pferden gesetzt. Ich habe Zeit mit ihnen verbracht. Bei ihnen war ich komplett ich. Das Beobachten und Sein mit den Tieren hat mich eins mit ihnen werden lassen.

Sie haben Dinge in meiner Anwesenheit zugelassen, die vorher keinem anderen gelungen sind. Oft wurde ich skeptisch angeschaut, was ich da wohl mache und ob es gelingen könne. Die Ergebnisse sprachen aber für mich. Was darauf hinaus lief, dass ich immer wieder die „Problempferde" bekam. Sobald sie sich regeneriert hatten, wurden sie allerdings verkauft. Das sollte nicht mein Alltag bleiben.

Vom klassischen Pferdewirt, der es immer anders machte, zum Coach

Als der Wunsch da war, ein eigenes Pferd zu haben, kamen große Zweifel auf, ob ich das könnte. Ich wollte nicht unbedingt reiten, ich wollte mit dem Pferd SEIN.

Die Ansicht vieler Menschen kam wieder hoch: *Aber ein Pferd muss doch geritten werden?!*

Und dann waren da meine innere Stimme und mein Wissen: *Wer sagt das denn? Wie ist denn die Konstruktion eines Pferdes aufgebaut und was befähigt es, dass es uns tragen kann?*
Kann ich das Pferd so ausbilden, wie es für es selbst und für mich passt? Das Wissen habe ich. Aber bin ich dazu in der Lage? Ich war doch immer so krank?
Wer kümmert sich dann um das Pferd?
Ein Pferd kostet doch so viel.

Kurz: Ich bin immer wieder in alte Verhaltensmuster gefallen, dass ich zu wenig weiß und kann.
Ich suchte nach einem Pferd, an dem meine Freunde und Bekannte und ich Spaß hätten. Am besten ruhig, entspannt, Gewichtsträger. Am besten ein Kaltblut. Ich habe keins gefunden. Ich bin 3 verschiedene Pferde probegeritten. Es hat nicht gepasst. Warum, wusste ich gar nicht. Es war mir gar nicht klar, wonach ich suchte. Es sollte einfach das passende Pferd sein. Hauptsache gesund und mit den oben beschriebenen Attributen.

Dann sah ich eine Anzeige. Das Pferd war anders, als ich dachte, dass ich es wollte. Aber ich musste es mir unbedingt ansehen. Es gab keinen Grund dafür.
Es wäre möglicherweise nichts für Freunde und Bekannte, aber ich wollte es sehen. Als ich in den Stall kam, wieherte mich ein Pferd an. Jung, schmal, klein, nett anzusehen. Ich war professionell und unemotional. Als ich ihn ritt und er buckelte, lachte ich. Ich fühlte mich pudelwohl!
Die Verkäuferin fand unsere erste Begegnung fantastisch.

Noch nie hat sie eine Reiterin gesehen, die lachte, wenn ein Pferd buckelt. Ich habe ihr danach erzählt, dass ich Angst im Galopp habe und vor allem vor dem Buckeln. Ich hatte einen sehr schweren Reitunfall und es war ein Wunder, dass ich überhaupt noch lebte. Aber mit diesem Pferd hatte ich keine Angst! Sollte es MEIN Partner werden???

Unterwegs war klar: Er ist es.

Zu Hause angekommen, bin ich wieder in alte Muster gefallen. Zweifel kamen hoch, dass er kein Pferd für Anfänger oder ähnliches ist. Ich habe ihn dreimal probegeritten, weil ich unbedingt wissen wollte, wie wir beide im Gelände reagieren. Dort, wo ich noch mehr Angst vor dem Galopp hatte, als in der Halle.

Es war ein Traum. Ich war so unsicher, dass er zappelte. Ich wurde ruhig und er entspannte sofort. Das war so ein unbeschreiblich schönes Gefühl. Ich dachte, dass ich am Reiten gefallen finden könnte. Bisher war ich lieber am Boden mit den Pferden unterwegs. Aber er belehrte mich eines Besseren.

Mein junger, kleiner neuer Freund war in seinem neuen Zuhause die ersten Tage lieb, ruhig und introvertiert. Er war sehr anhänglich und lernte schnell. Einfach ein netter junger Wallach.

Ich wollte ihn vielseitig ausbilden und mit der Dressur beginnen. Ich hatte ein Konzept und wollte es genau nach Lehrplan machen. Sobald ich jedoch etwas von ihm forderte, wurde er hektisch. Ich wollte ihm in der Reithalle ein paar kleine Lektionen beibringen und er wurde immer widerspenstiger.

Ich nahm dann Reitunterricht. Sein Verhalten wurde unerträglich. Er wölbte den Rücken, buckelte und kickte mit den Hinterbeinen, bis mir schlecht wurde.

Mir wurde geraten, ihn auszubinden und mal richtig vorwärts zu reiten. Ausbinder sind Gurte, die z.B. beidseitig am Sattelgurt angebracht und das andere Ende am Gebissring befestigt wird. Da müsse er durch, er dürfe nicht so respektlos sein. Es ging einiges an Bewertungen über uns nieder. Ausgesprochen und unausgesprochen. Alle wussten, dass ich Pferdewirtin und Tierheilpraktikerin bin. Was denken die wohl alle von mir?!

Meinem Pferd ging es miserabel. Er sah elend und hilfesuchend aus. Aber ich verstand ihn nicht. Es musste eine Veränderung her. Dringend.
Ich sah, dass der konventionelle Weg für uns der falsche war. Vorher hatte ich es doch im Beruf auch schon anders praktiziert, was war nur mit mir los?
Wieso wollte ich alles nach Lehrbuch machen? Ich bin doch auch kein Produkt aus dem Lehrbuch?!

Ich fragte mich, was es wohl für Möglichkeiten gibt. Ich fragte, welcher Weg der bessere ist. Und ich fragte mein Pferd, was es braucht.
Ich spürte, dass er keine Gebisse mag. Heute weiß ich, dass es für seine Anatomie und auch seine Erfahrungen besser ist, darauf zu verzichten.

Heute weiß ich, dass wir beide eigensinnige Freigeister sind. Mit Erklärungen, Ruhe und Freude kommen wir beide unglaublich weit.
Ich habe damals intuitiv gehandelt, mehr nicht. Ich bin meinen Weg gegangen, weil er mir keine andere Wahl ließ. Und die Lösungen kamen auf wundersame und wunderbare Weise ganz leicht zu uns.
Diese Lösungen veränderten so sehr unser Leben, dass wir beide jetzt Coaches sind und anderen in genau diesen Situationen und vielen anderen eine Hilfe sein können.

Du kannst dir Fragen stellen und musst sie nicht beantworten. Fragen kreieren neue Möglichkeiten. Antworten beenden den Kreationsprozess, da es eine Antwort gibt.

Du kannst Klarheit über dich bekommen, indem du fragst: Ist es meine Wahrheit? Ist es die Wahrheit von anderen?
Alles, was sich leicht anfühlt, ist deine Wahrheit. Wenn sich et-

was schwer oder falsch oder ungut anfühlt, ist es nicht dein Thema.

Wenn du deinen Weg gehst, werden die Bewertungen der anderen unwichtig. Wenn du in den Zweifel kommst, frage dich:
Wo brauche ich Klarheit? Welche Möglichkeiten gibt es hier?

Von irgendwoher kommt ein Impuls, eine Idee, eine Information, und du wirst wissen, wie dein nächster Schritt ist. Und ein für uns ganz wesentlicher Punkt ist: Wie komme oder bleibe ich in der Freude?

Wie ich es dann doch geschafft habe, meinem Pferd, meinem treuen Gefährten, eine Herde zu sein und warum er das immer wieder einfordert, lest ihr in meinem anderen Kapitel.

Wie du mit Hilfe der Pferdeherde zu dir selbst findest

von Birgit Huber

Schon als Jugendliche habe ich es geliebt, an der Koppel zu sitzen und die Pferde zu beobachten. Damals war mir noch nicht klar, wieviel Bedeutung eine Pferdeherde für mich mal haben wird und welche Reise ich mit den Pferden und dem Herdenspirit antreten werde.

Als ich als 15-Jährige endlich mit dem Reiten anfangen durfte, wurde meine Sehnsucht nach der Herde und dem einfach Sein mit Pferden schnell im Keim erstickt.

In einer Reitschule lernt man Reiten und wie man schnell Prüfungen und Turniere gewinnt. Das Wesen Pferd wird in so einer Schule kaum gesehen und gelehrt. Das Pferd fungiert viel mehr als Objekt, man lernt beim Reiten nur das Reiten. Das Pferd als Lebewesen wird dabei oft vergessen.

Wie Pferde untereinander kommunizieren, wie sie mit uns sprechen und was wir von ihnen lernen können, war damals vor 22 Jahren noch überhaupt nicht spruchreif.

So begann mein Weg in die Herde erst viele Jahre später; und am Anfang war mir noch gar nicht bewusst, wie sehr mich die Herde, der Spirit der Pferde, rief.

Am Anfang meiner Reise mit Pferden standen Leistung, Ziele und Training im Vordergrund und umso mehr ich diesen Ruf der Herde verspürte, umso mehr bin ich mit der normalen Pferdewelt angeeckt.

„Für einfach mit Pferden sein, haben wir keine Zeit."
„Das Pferd gehört doch trainiert, gymnastiziert und ausgelastet."

„Du musst Reiten lernen, deinen Sitz verbessern, sonst bist du kein guter Pferdemensch."
„Mit Pferden sprechen, was soll denn das sein?!"
… und viele weitere Aussagen haben mich, mein verrücktes Sein und Sprechen mit Pferden heruntergedimmt. Ich habe mein Können, mit Pferden zu sprechen nicht mehr ausgesprochen und mich am Anfang versucht anzupassen.

Ich war zwar schon immer in Ställen, in denen die Pferde wenigsten am Tag in einer Herde zusammen auf der Koppel standen. Aber was die Pferde da so den ganzen Tag machen, wie sie kommunizieren und wie wir sie dadurch besser verstehen lernen können, war für die anderen Pferdemenschen in meinem Stall uninteressant.
Ich stieß immer wieder auf komische Blicke und Aussagen, wenn ich sagte, ich würde lieber einfach Zeit mit den Pferden verbringen, als zu reiten und zu Turnieren zu gehen.
Und wenn ich dann erzählte, dass mein Pferd zu mir sagte, dass es lieber mit mir spazieren gehen würde oder einfach Zeit mit mir zusammen in der Herde verbringen möchte, war ich endgültig die Verrückte.

Einige Jahre spielte ich das Spiel mit, da ich irgendwie glaubte, dass es so, wie die anderen mit Pferden umgingen, richtig sei und ich einfach falsch lag.
Damals gab es für mich keinen Ausweg, außer einfach mitzuspielen, um wenigstens mit den Pferden sein zu dürfen.

Ich half im Stall mit und bat anderen Reitern an, dass ich ihre Pferde putzen und sie von und auf die Koppel bringen könnte. So hatte ich neben dem Reiten und dem Training noch ein wenig mehr Zeit, einfach mit den Pferden sein zu dürfen.

Aber der Ruf nach der Herde und der wahren Sprache der Pferde wurde immer lauter.

Währenddessen hatte ich immer mehr mit Problempferden zu tun, die auch eine Botschaft für mich hatten (darüber schreibe ich in einem anderen Kapitel in diesem Buch) und spürte den Ruf der Herde, den ich erst viele Jahre später verstehen sollte.

Ich folgte dem Ruf, mit den Pferden wirklich zu kommunizieren, ihre Sprache verstehen zu lernen und eine wahre Beziehung mit ihnen aufzubauen, in kleinen Schritten.

So kam ich 2005 zu Natural Horsemanship und stieß dabei auf noch mehr Ablehnung. Ich wurde in meinem alten Stall ausgelacht. Allein das Spielen mit dem Pferd am Boden wurde schon belächelt. Aber als ich dann auch noch mit meinem Pferd einfach nur dastand und wir gemeinsame Zeit verbrachten, war ich eindeutig verrückt für die alte Pferdewelt.

Es fühlte sich für mich einfach viel besser an, als das Dressur- und Springreiten. So erforschte und beobachtete ich immer mehr die Pferdesprache und wie Pferde untereinander mit Körpersprache kommunizierten und verbrachte immer mehr Zeit einfach bei den Pferden.

In einem Stall, in dem ich für 14 Monate ein Sommerpraktikum machen durfte, öffnete sich eine neue Welt für mich.

In diesem Stall war es normal, dass man auf der Koppel saß und die Herde beobachtet, dass man mit seinem Pferd grasen ging oder einfach im Round Pen, Box oder Viereck Quality Time mit seinem Pferd verbrachte. Das war ein wichtiger Schritt für mein heutiges Sein mit den Pferden und der Pferdeherde.

Was mir damals noch nicht bewusst war, ist, dass ich nur auf die Körpersprache fokussiert war. Erst viele Jahre später wurde mir klar, wie fein die Pferde bereits vor der Körpersprache mit Energiesprache mit uns kommunizieren und ich auch schon unbewusst ein wenig Tierkommunikation verwendet hatte.

Es ist bereits ein großer Schritt, wenn wir beginnen, über Körpersprache mit unseren Pferden zu kommunizieren und uns dafür öffnen, wie fein wir mit ihnen über unseren Körper kommunizieren können. Was dabei aber bei sehr vielen fehlt, ist, dass sie sich bewusst werden, wie fein Energiesprache ist, die Sprache, die wir ja auch bei der Tierkommunikation verwenden.

Dann wird uns bewusst, wie fein wir ständig energetisch mit unseren Pferden kommunizieren und unsere Pferde alles wahrnehmen - auch Gefühle, dir wir selbst tief vergraben haben.

Allein die Aussage: „Du darfst, wenn du Angst vor deinem Pferd hast, es ihm auf keinen Fall zeigen" ...

... Was für ein Schwachsinn, entschuldige bitte, aber dein Pferd fühlt deine Angst schon viel früher als es dir selbst bewusst ist.

Wildpferde nehmen es über mehrere Kilometer wahr, wenn ein Tiger nur vorbeizieht oder auf Jagd ist. Sie fühlen die Jagdenergie des Tigers und flüchten. Wenn der Tiger nur umherzieht, graser sie entspannt weiter und er kann sehr nahe an ihnen vorbeiziehen, ohne dass die Pferde flüchten.

Also wie sollen wir dann unsere Gefühle, unsere Angst vor unserem Pferd, verstecken?

Ich bin schon sehr vielen Menschen begegnet, die ertweder mit Körpersprache, Horsemanship oder wie man es auch immer nennen möchte, mit ihren Pferden kommunizieren oder Tierkommunikation verwenden.

Was ist, wenn man beides gleichzeitig verwenden kann und Tierkommunikation wirklich in der Praxis vor Ort mit seinem Pferd praktiziert?

Genau das habe ich in der Pferdeherde erlebt, denn Pferde kommunizieren untereinander ständig mit Energie- und Körpersprache.

Wie ich durch die Pferdeherde Energie- und Körpersprache vereint habe

Nach einigen Jahren Horsemanship, in denen ich versucht hatte, mit reiner Körpersprache mit meinen Trainingspferden zu kommunizieren, kam bei mir immer mehr Unwohlsein auf.

Sia, meine damalige Stute, zeigte mir immer mehr, dass sie mit reiner Körpersprache oft nichts anfangen konnte, und oft wollte sie lieber in ihrer Pferdeherde bleiben, als zu mir zu kommen oder mit mir von der Herde wegzugehen.

Wir hatten zwar schon eine sehr vertrauensvolle Beziehung aufgebaut, doch wenn ich gestresst zu ihr auf die Koppel kam und sie schnell reinholen wollte, kam sie nicht oder rannte oft vor mir davon.

Es fühlte sich für mich nicht mehr stimmig an, etwas fehlte. Und so suchte ich weiter nach Antworten, wie ich noch feiner mit Pferden kommunizieren konnte.

Mein Wissen über Körpersprache reichte mir nicht mehr aus, denn ich wollte Sia nicht mehr mit reiner Körpersprache, Druck und den ganzen Methoden trainieren, die es im

Horsemanship und Bodenarbeit gibt, damit ein Pferd von sich aus von der Herde weg zu mir kommt.

Ich wollte nicht mehr mit Konditionierung arbeiten, sondern wünschte mir, dass Sia gerne zu mir kommt. Und vor allem wollte ich verstehen, warum sie manchmal nicht zu mir kommen wollte.

Denn wenn ich einfach nur auf die Weide ging, mit dem Gedanken, dass ich heute einfach nur Zeit mit ihr und der Herde verbringen wollte, kam sie sofort zu mir und liebte es, von mir gekrault zu werden. Sie stand dann oft die ganze Zeit bei mir oder verfolgte mich, wenn ich mich auf der Wiese bewegte.

Was war es also, dass sie, wenn ich sie von der Wiese holen wollte, oft nicht mitkommen wollte oder sogar von mir weglief?

Ich fing an, mich mit meiner Ausstrahlung und meinen Gedanken zu beschäftigen (also mit Persönlichkeitsentwicklung), öffnete mich wieder bewusst für Tierkommunikation und erforschte die Herde und wie ihre Mitglieder untereinander kommunizierten.

Durch Sia und die Herde wurde mir immer bewusster, wie meine unbewussten Programme und meine Ausstrahlung auf die Pferde wirkten, wenn sie frei wählen durften, ob sie mit mir Zeit verbringen wollten oder nicht.

Schritt für Schritt ließ ich das Konditionieren von Pferden los, denn nichts anderes ist es für mich, wenn ich reines Horsemanship oder eine andere Form von Pferdetraining mache.

Wenn ich mein Pferd nur auf Körpersprache konditioniere, gebe ich ihm keine Wahlmöglichkeit, auch mal Nein sagen zu dürfen und vor allem auf meine Ausstrahlung zu reagieren.

In der Herde kommunizieren die Pferde in erster Linie über Energiesprache, dann kommt erst Körpersprache und ganz am Schluss berühren sie sich.

Was machen wir Menschen?

Wenn wir bereits offen für Horsemanship sind, kommunizieren wir zwar bereits über Körpersprache, aber noch immer sehr viel über Berührungssprache. Die Energiesprache, das, was wir wirklich ausstrahlen, lassen wir weg und es ist den meisten gar nicht bewusst.

Beim Reiten kommunizieren wir mit unseren Pferden fast ausschließlich über Berührungssprache und wundern uns, warum wir so viel Druck und Zwang aufwenden müssen. Da wir im Grunde aus Sicht der Pferde ihre Sprache komplett von der falschen Seite anfangen.

Wenn ich nur mit Körpersprache mit meinem Pferd kommuniziere und ich mir meiner Energiesprache gar nicht bewusst bin, bin ich aus Sicht eines Pferdes nicht authentisch und es wird mich nie als Herdenmitglied ansehen.

Für eine friedvolle Beziehung mit einem Pferd ist dies aber der wichtigste Punkt, denn wir wollen ja, dass unser Pferd sich für uns und gegen seine sichere Herde entscheidet.

Liegt es dann nicht an uns, dass wir die wahre Sprache der Pferde lernen und uns bewusst machen, dass wir zuerst über Energiesprache mit unseren Pferden kommunizieren müssten?

Umso länger ich Zeit in der Herde verbracht hatte, umso klarer wurde mir, wie fein Pferde untereinander kommunizieren und das auch ständig mit uns Menschen versuchen.

Für mich war klar: Diese Sprache, die ich hier lernen wollte, kann ich nur von denen lernen, die sie sprechen, also den Pferden, die in einer intakten Herde leben.

So machte ich mich auf und verbrachte viel Zeit in verschiedenen Herden.

Wie eine Woche in einer großen Pferdeherde mein ganzes SEIN mit Pferden veränderte

2018 war es endlich so weit und ich ging für eine Woche in eine große Pferdeherde. Aber diesmal das erste Mal mit dem Ausgangspunkt, dass ich nicht die Körpersprache erforschen wollte, sondern wie Pferde über Energiesprache miteinander kommunizieren, was ich in der Herde fühle und was Pferdeinteraktionen bei mir auslösen.

Ohne ein Pferd trainieren zu wollen, ohne mit ihm irgendwelche Spiele zu spielen oder ein geführtes Tierkommunikationsgespräch zu führen.

Einfach mit der Herde zu sein, ihre wahre Sprache erforschen und was ich dabei fühle, stand im Fokus.

Es war eine tiefe Reise zu meinem wahren Selbst, so etwas hatte ich zuvor noch nie erlebt.

Früher hatte ich, wenn ich in eine Herde ging, immer den Fokus darauf, die Pferde zu beobachten und zu analysieren, wie sie miteinander über Körpersprache kommunizieren, wer die Leitstute war, wie es ihnen körperlich ging, usw.

Also voll im Kopf, Verstand und Tun.
Meine Gefühle und Herz waren ausgeschaltet.

Oder ich machte eine Tierkommunikationssitzung, wo es um das Pferd, seine Wünsche und seinen Besitzer ging.

Diesmal war es anders. Die erste Frage, die ich mir stellte, als ich in die Herde ging, war:

Was fühle ich, wenn ich in die Herde gehe und ist das, was ich fühle, meines oder von einem Pferd oder Pferdebesitzer?

Das öffnete bei mir sofort einen Raum. Zuerst kamen alle Pferde an und wollten von sich und ihren Menschen erzählen.
Ich bedankte mich bei ihnen, dass sie sofort mit mir reden wollten, und sagte ihnen dann, dass ich heute da sei, um ihre Energiesprache zu erforschen und was ich dabei fühle. Dass ich ihre Sprache verstehen lernen möchte.

Dann wurde es still. Alle Pferde gingen wieder ihrer Wege und ich wurde von Minute zu Minute mehr ein Teil der Herde.
Mein Verstand und meine Gedanken wurden still und ich kam immer mehr in diese Präsenz, in dieses Sein; so, wie die Pferde immer sind, wenn sie frei mit ihrer Herde leben dürfen.
Ich stand einfach da und folgte der Energie. Mal setzte ich mich in die Wiese, mal ging ich zu einem Pferd näher hin, mal weiter weg.

Es entstand so etwas wie ein energetisches Spiel mit der Pferdeherde und ich fühlte immer mehr diese Freiheit und Verbundenheit mit den Pferden, die sich im Grunde jeder Pferdemensch wünscht.
Das ganze Tun, dieses *Ich muss aber jetzt das und das mit meinem Pferd machen,* war weg und ich tauchte immer mehr

in die feine energetische Sprache der Herde ein.

Dann zog es mich zu einer Dreiergruppe hin, die etwas abseits von der restlichen Herde graste: Eine junge schwarze Stute, ein kleiner brauner Wallach und eine alte braune Stute, die sichtlich körperlich schon etwas schwächer war.

Sie grasten ganz entspannt nebeneinander. Ich bekam den Impuls, etwas näher zu der alten braunen Stute zu gehen und auf einmal schoss die junge schwarze Stute auf die alte braune los und trieb sie von mir weg, indem sie kurz in ihren Hintern zwickte.

Die alte Stute ging einfach weg, wobei sie kurz hinten einknickte, da sie ihre alten Knochen nicht so schnell wegbewegen konnte.

In mir kam Wut hoch, ich war zornig auf die junge schwarze Stute. Der Empath in mir wollte nicht verstehen, warum sie so aggressiv, in meinen Augen, gegen die alte braune Stute war. Sie hätte doch auch einfach neben ihr zu mir kommen können.

Als die alte braune Stute weg war, kam die junge schwarze Stute zu mir. Später erfuhr ich ihren Namen. Sie hieß Fee, genauso wie meine Katze und hatte auch genau den gleichen Charakter wie sie.

Als Fee, die schwarze Stute, neben mir stand, sagte sie mir deutlich: *Fühle dieses Gefühl. Was ist das, was ich bei dir ausgelöst habe?*
Warum wurdest du wütend, als ich die alte braune Stute weggeschickt habe?

Dann ging es in mir so was von ab.
Ein Gefühlschaos ging los.

Es kamen soo viele unterdrückte Gefühle hoch.

Fee legte ihren Kopf auf meine Schulter und blieb während dem ganzen Prozess bei mir stehen.

Ich fokussierte mich auf meinen Atem und ließ einfach alles durch mich fließen.

Dann kam auch noch der braune Wallach dazu und da wurde es mir erst so richtig klar:

Fee hatte mir mit der alten braunen Stute ein Schattenthema von mir aufgezeigt. Ein Programm von mir, was ich schon lange laufen hatte: Ich wollte immer alles und jeden beschützen, jedem alles recht machen.

So wie Fee einfach so jemand anderem einen Platz wegzunehmen, hätte ich mich früher nicht getraut. Und wenn, dann nur mit schlechtem Gewissen, denn es war ja ersichtlich, dass die alte braune Stute wegen körperlichen Einschränkungen nicht so schnell weichen konnte.

Genau, als ich diesen Aha-Moment hatte, kam die alte Stute wieder dazu und sagte: *Ich hatte kein Problem damit, Fee wollte zu dir, und dann bin ich einfach gegangen. Dass ich körperlich nicht mehr so fit bin, ist mir egal.*

Das war für mich so ein tiefer Prozess und eine Erkenntnis, wie schnell wir in alte Programme verfallen, Gefühle unterdrücken und unsere Themen auf unsere Tiere projizieren.

Allein dieses Erlebnis in der Herde zeigte mir auf, wie wichtig es ist, uns unserer Energien und Gefühle bewusst zu werden, wenn wir mit Pferden friedvoll zusammenarbeiten und sein möchten.

Diese Wut, die bei mir hochkam, als Fee die alte braune Stute wegschickte, hatte null mit den Pferden zu tun, sondern allein mit mir.

Wie oft stülpen wir aber unseren Pferden unsere Gefühle auf, ohne dass es uns überhaupt bewusst ist?

Eine Herde kommuniziert immer klar, ohne Ansichten, ohne Bewertungen und ohne Verurteile.

Sie sind einfach präsent und folgen der Energie und wenn eine Stute, die jünger ist und höher im Rang steht, sich einfach einen Raum nimmt, ist das für eine ältere Stute okay. Sie hat dabei keine Ansichten oder Probleme.

Es sind wir Menschen, die daraus immer Geschichten machen. Allein, wenn uns das bewusst wird, wird unser Zusammensein mit Pferden schon ein Stückchen friedvoller.

Die Woche in der Herde brachte mich so sehr ins Fühlen und in Verbindung mit dem Spirit der Herde. Mein ganzes Sein mit Pferden hat sich dadurch verändert und seitdem suche ich immer wieder Herden auf und tauche tief in die Pferdeenergie ein.

Dadurch ist auch Feeling With Horses entstanden und ich bin zu Animal Creation gekommen.

Wenn wir bereit sind, über Energiesprache mit den Pferden zu kommunizieren und sie einladen, mit uns gemeinsam zu kreieren, dann entsteht eine wahre, friedvolle Beziehung zwischen Mensch und Pferd.

Übung: Dein Pferd wartet auf dich

Dein Pferd wartet bereits auf dich, damit auch du mit ihm und der Herdenenergie gemeinsam in Co-Kreation eine friedvolle Beziehung kreierst.

Egal wo du gerade mit deinem Pferd stehst: Es ist jederzeit bereit, mit dir über Energiesprache zu sprechen.

Sobald du dich für die Herdenenergie, den Pferdespirit, öffnest, wird dir dein Pferd entgegen „galoppieren."

Du musst nicht unbedingt wie ich in Pferdeherden gehen. Es reicht schon aus, wenn du dich für diese Energie öffnest und immer präsenter einfach Zeit mit deinem Pferd verbringst.

Wenn du mit deinem Pferd zusammen in diese Energie gehst, dann seid ihr zu zweit eure Herde.

Viel wichtiger, als in eine Herde zu gehen, ist es, dass du dich für diese Energiesprache öffnest.

Eine Übung, die du überall machen kannst, egal ob dein Pferd in einer großen Herde steht oder in einer Paddock Box:

Gehe zu deinem Pferd und konzentriere dich am Anfang nur auf deinen Atem. Komme so richtig in deinem Körper an und lasse alles los.

Alle Erfahrungen mit deinem Pferd
Alle Meinungen über dein Pferd
Alles darüber, wie man mit Pferden zu sein hat
Alles, was du bereits über Körpersprache, Horsemanship, Bodenarbeit usw. viel gelernt hast
Wenn du bereits Tierkommunikation versucht hast

Lasse alles los.

Komm im Hier und Jetzt an und beobachte einfach deinen Atem. Wenn Gefühle hochkommen, lass sie zu und lass sie wieder weiterziehen.

Beobachte dein Pferd, ohne Bewertung, ohne zu analysieren und ohne verstehen zu wollen. Sei einfach präsent mit ihm und der Herde.
Schaue, wo dich die Energie hinzieht.
Wenn du einen Impuls bekommst, dass du dich bewegen möchtest, bewege dich.

Möchtest du dich hinsetzen, setze dich hin.
Möchtest du näher an dein Pferd oder lieber zu einem anderen Pferd gehen, dann geh.

Versuche, immer mehr einfach der Energie, den Impulsen, zu folgen. Spiele mit der Energie und schau, was passiert. Ohne Erwartungen, einfach sein.

Du wirst erstaunt sein, was sich da für Möglichkeiten ergeben werden.

Wenn du präsent und im Hier und Jetzt angekommen bist, kannst du mit Fragen spielen:

Wie fühle ich mich jetzt in der Herde, mit meinem Pferd?
Wie fühlt sich die Herde, mein Pferd?
Was löst ein gewisses Verhalten meines Pferdes bei mir aus?

Fühle und beobachte, ohne zu bewerten, ohne Erwartungen.
Lass es einfach fließen.

Wenn etwas kommt, ist es gut. Wenn nichts kommt, ist es auch ok.

✳Im Onlinebereich findest du hierzu die Übung *Tauche in die Energie der Pferdeherde ein*.

Sei einfach und öffne dich für die Energiesprache der Pferdeherde.
Umso mehr du in die wirkliche Präsenz mit Pferden kommst, umso mehr wirst du mit den Energien spielen können.

Ich wünsche dir viel Spaß mit dem Pferdespirit!

Klarheit statt Drama: Was wir von Tieren über Konflikte und uns selbst lernen können

von Lara Pauly

„Na, Lara, wie war's beim Pferd?"

„Geht so", antwortete ich. „Heute war Hjoerdis irgendwie ein bisschen doof."

„Hm... Vielleicht warst **du** ja heute auch ein bisschen doof?!", meinte Micha.

Danke... Das hat gesessen!

Leise klopfte mein schlechtes Gewissen an. *Ja, vielleicht hat Micha recht. Vielleicht war ich heute ein kleines bisschen doof. Vielleicht auch ein etwas größeres bisschen.* Aber ich hatte es eben eilig gehabt. Ich hatte einen vollen Terminkalender und konnte meinen Besuch im Stall nur noch irgendwie dazwischen quetschen.

Eigentlich war mir das selbst viel zu stressig gewesen, aber ich **musste** Hjoerdis heute auf jeden Fall noch eine Elektrotherapie-Anwendung für ihr verletztes Bein geben. Meine Heilpraktikerin hatte mir die Anwendung alle zwei Tage empfohlen. Also war es heute wieder an der Zeit dafür.

Seit mehreren Monaten stand Hjoerdis jetzt schon in der Box und durfte nur für kurze Spaziergänge raus. Auch wenn diese lange Ruhepause für ihr Bein sicherlich heilsam wirkte, war es auf mentaler Ebene eine Herausforderung für Hjoerdis. Und auch ich war nicht gerade begeistert darüber, dass wir immer noch nicht wieder gemeinsam spielen, toben und reiten durften.

Also tat ich einfach alles, was mir Ärzte, Osteopathen, Physiotherapeuten und Heilpraktiker empfohlen hatten, um Hjoerdis Heilung optimal zu unterstützen. Aber statt meine Therapie-Anwendung zu genießen – ich tat es ja schließlich für sie... - lief Hjoerdis heute währenddessen die ganze Zeit unruhig in der Box umher.

Sie drehte sich von links nach rechts, schlug unruhig mit dem Schweif hin und her und scharrte unablässig mit den Hufen. Ich konnte dann zusehen, wie ich die Kabel des Therapie-Geräts immer wieder neu sortiert bekam, ohne dass einer von uns beiden sich darin verhedderte, gleichzeitig die Elektroden an ihrem Bein, die durch ständiges Gehampel immer wieder verrutschten, wieder an die richtige Stelle zurückschob und schließlich auch noch wie ich mich selbst immer so mit drehte, dass ich nicht zwischen Pferd und Boxenwand eingequetscht wurde.

Entnervtes Schimpfen und Zurechtweisen meinerseits führte lediglich dazu, dass Hjoerdis noch unruhiger wurde und ich erst recht aufpassen musste. Das ganze Spektakel dauerte ungefähr 20 Minuten, bis sich der Akku der Geräts 10 Minuten vor dem geplanten Ende verabschiedete und ich die Therapie abbrechen musste. Jetzt hatte sich der ganze Stress noch nicht einmal gelohnt!

Vielleicht hatte Hjoerdis wirklich Grund genug gehabt, mich heute ein bisschen doof zu finden... Wie würde sie wohl von ihrer Zeit mit mir erzählen, wenn sie jemand fragen würde?

Keine Ahnung, was Lara heute von mir wollte... Da kommt die

Gute völlig gestresst bei mir an und - statt mich erstmal ordentlich zu begrüßen und mir meinen üblichen wohl verdienten Keks zu geben - stürmt sie mit diesem Teil, mit dem sie mich seit Neuestem ständig verkabelt, einfach in mein Zimmer rein und legt sofort ohne Vorwarnung los.

Das hat vielleicht gekitzelt... Ganz schön unangenehm, kann ich euch sagen! Hab versucht, das Dingen wieder loszuwerden. Hat leider nicht geklappt - so sehr ich auch hin- und her gerannt bin, Lara ist mir auf Schritt und Tritt gefolgt.

Und dann hat sie mich auch noch angemotzt. Wofür denn? Dass ich kitzelig bin? Kann ich ja nichts für, dass sie schlechte Laune hat! Soll sie sich dieses Elektrogerät doch selber mal anlegen. Dann sieht sie, wie das ist... Ups!

Wenn ich jetzt im Nachhinein über unseren kleinen Konflikt nachdenke und einmal von oben wie ein Vogel darauf hinabschaue, kann ich alles ein bisschen klarer sehen: Hjoerdis und ich hatten zwei völlig verschiedene Blickwinkel auf die Situation.

In all dem Stress und meinen Erwartungen an mich selbst und mein Pony hatte ich glatt übersehen, die Bedürfnisse von Hjoerdis wahrzunehmen und ihnen Raum zu geben. Ich hatte ihr Verhalten nicht verstanden, denn ich hatte mir ihre Sicht auf die Dinge noch gar nicht richtig angeschaut.

Ich war sauer geworden und hatte meine Emotionen an ihr ausgelassen. Was sollte ihr da anderes übrig bleiben als auf mein Verhalten entsprechend zu reagieren?

Ja, vielleicht hätte ein anderes Tier anders reagiert. Vielleicht hätte es meinem Schimpfen „gehorcht", sich der Situation „ergeben" und meinen Stress und die Therapieanwendung „ertragen". Aber dann ist mir ehrlich gesagt ein Pferd wie Hjoerdis doch lieber: Ein Pferd, das sich traut, seine Meinung zu sagen und dazu zu stehen. Auch, wenn das manchmal im ersten Moment ziemlich anstrengend sein kann.

Im Grunde genommen ist es in der Beziehung zu Tieren ganz ähnlich wie in Beziehungen zu Menschen. Es treffen verschiedene Bedürfnisse und Erwartungen aufeinander. Gleichen sich diese oder sind sich zumindest ähnlich genug, bleiben wir in einem harmonischen Zustand miteinander. Wenn sich unsere jeweiligen Erwartungen jedoch (zu) stark unterscheiden, kann es zu Konflikten kommen. Dann haben wir drei Optionen:

1) Wir reden nicht weiter darüber. Wir schweigen den Konflikt tot. Unsere Meinungsverschiedenheit ist dann für eine Weile erst einmal unter den Teppich gekehrt und wir können so tun, als wäre nichts gewesen. Die Wahrscheinlichkeit, dass sich der Konflikt früher oder später doch wieder zeigen wird, ist dabei allerdings recht hoch. Dann stehen wir mit unserem Gegenüber wieder vor dem gleichen Problem. Oder – wenn wir Pech haben – ist unser Konflikt in der Zwischenzeit des Schweigens sogar noch größer geworden.

2) Wir streiten uns. Wir versuchen, unser Gegenüber – unserem eigenen reinen Gewissen zuliebe - so gut es geht davon zu überzeugen, dass **er oder sie** die Schuld an unserem Konflikt trägt. Dabei können wir uns – wenn unser Gegenüber richtig „mitspielt" - gegenseitig hochschaukeln und leidenschaftlich um unseren Platz auf dem Thron der größten Drama Queen kämpfen. Die „Lösung" des Konflikt liegt dann entweder im Zerwürfnis beider Parteien, oder – und das ist leider immer noch viel zu häufig bei Konflikten mit Tieren der Fall! - es artet in einen Machtkampf aus. Der Stärkere gewinnt - Dominanz ist hier das „Zauberwort".

3) Wir öffnen uns vertrauensvoll unserem Gegenüber, tei-

len uns gegenseitig unsere Bedürfnisse und Erwartungen auf verständliche Weise mit und suchen gemeinsam und **auf Augenhöhe** nach einer Lösung. Wenn wir nicht nur unsere eigenen Beweggründe für ein bestimmtes Verhalten kennen, sondern ebenso die unseres Gegenübers, fällt es uns wesentlich leichter, auch die jeweils andere Perspektive zu verstehen. Wir erkennen, dass das Verhalten des anderen – hoffentlich! - nicht persönlich gegen uns gerichtet ist und müssen uns nicht mehr wehren oder verteidigen.

Dafür ist es wichtig, dass wir uns im Klaren über unsere eigenen Bedürfnisse und über unsere Erwartungen an uns selbst und an unser Gegenüber sind.

Aber wenn wir diese Klarheit für uns selbst erst einmal haben, können wir unserem Gegenüber unsere eigene Perspektive verständlich mitteilen. Wir können authentisch Grenzen setzen, die unser Gegenüber klar erkennen kann; und Kompromisse finden, mit denen beide Seiten ehrlich und wahrhaftig zu-**frieden** sind.

Wenn wir diese ehrliche, aber friedvolle, Herangehensweise wählen möchten, spielt natürlich auch die Wahl unseres Gegenübers eine Rolle.

Wenn es sich bei unserem Gegenüber um ein Tier handelt, stehen unsere Chancen optimal, dass es sich ebenfalls für Option 3) entscheiden wird. Das einzige, was wir dann beachten müssen, ist, dass es uns seine Sichtweise wohl nicht in menschlicher Lautsprache mitteilen wird.

Für diesen Fall sind wir glücklicherweise alle in der Regel mit einer ausreichenden Portion Empathie ausgestattet. Dank dieser können wir uns ganz spielerisch leicht in die Sichtweise unserer Tiere hineinversetzen und uns ihrer Erwartungen und Bedürfnisse bewusst werden.

Übung:

Stehen du und dein Tier gerade vor einer Herausforderung, für die ihr noch keine **gemeinsame** Lösung gefunden habt? Gibt es vielleicht sogar einen hartnäckigen Konflikt, der schon seit längerer Zeit zwischen euch steht? Und hast du beschlossen, deinem Tier bei der Suche nach eurer Lösung auf Augenhöhe zu begegnen?

Vielleicht können dir die folgenden Leitfragen auf diesem Weg eine kleine Orientierungshilfe geben:

I. Meine eigene Perspektive

• Welche Bedürfnisse versuche ich durch mein Verhalten/ meine Sichtweise im Umgang mit dem Konflikt zu erfüllen
• Welche Erwartungen habe ich an mein Tier?
• Welche Erwartungen habe ich an mich selbst?
• Gibt es Erwartungen anderer Menschen an mich (z.B. von Trainern, Experten, etc.), die ich versuche, zu erfüllen? Entsprechen diese Erwartungen meiner eigenen Sichtweise? Oder darf ich mich wieder voll und ganz auf mich und meine Ansichten fokussieren?

II. Die Perspektive meines Tiers

Versuche nun, dich einmal in dein Tier hineinzuversetzen und euren Konflikt aus seiner Perspektive zu betrachten:

• Welche Bedürfnisse hat mein Tier in Bezug auf unser Konfliktthema?
• Wie wirke ich mit meinem Verhalten auf mein Tier?
• Kann oder soll mein Tier meine Erwartungen überhaupt erfüllen?
• Was kann mein Tier (stattdessen) zu einer gemeinsamen Lösung unseres Konflikts beitragen?

III. Eure gemeinsame Lösung

Begib dich nun in die **Vogelperspektive**. Betrachte eure Situation einmal „von oben aus":

- Wie passen meine Erwartungen und die Bedürfnisse meines Tiers zusammen?
- Wie könnten sich meine eigene Perspektive und die Perspektive meines Tiers zu einer gemeinsamen Lösung kombinieren lassen?
- Wie könnte ein Kompromiss aussehen, mit dem wir beide zufrieden sind?
- Welche Lösung würde mein Tier jetzt vorschlagen?

Eurer Kreativität sind hier keine Grenzen gesetzt!

Manchmal, wenn unsere Konflikte ein wenig verstrickter sind, ist es im ersten Moment vielleicht gar nicht so einfach, eine passende Lösung zu finden. Das ist vor allem dann der Fall, wenn wir unsere eigenen Bedürfnisse und Erwartungen selbst noch gar nicht klar erkennen können. Dann ist es vielleicht noch nicht an der Zeit, jetzt sofort und um jeden Preis die eine, perfekte Lösung für unseren Konflikt zu finden.

Dann ist es vielleicht erst einmal an der Zeit, in unserem –wenn auch konfliktbehafteten – Umgang mit den Tieren mehr Klarheit über uns selbst zu erfahren. Denn wenn wir richtig hinschauen, halten unsere Tiere für uns immer wieder die eine oder andere Überraschung bereit, aus der wir noch so manches von ihnen lernen dürfen.

Als Hjoerdis Bein endlich wieder so weit verheilt war, dass wir auch wieder ausgiebigere, flottere Spaziergänge machen konnten, kamen wir schnell in eine Phase, in der wir überhaupt nicht mehr harmonisch miteinander kommunizieren konnten.

Oft endeten unsere Spaziergänge bereits nach ungefähr 100 Schritten – genau an der Stelle, an der das Gras Hjoerdis Meinung nach am grünsten war. So sehr ich auch versuchte, sie zum Weitergehen zu motivieren: Spätestens nach weiteren fünf Metern war wieder Schluss – denn sie wollte mehr Gras.

Und wenn ich nicht aufpasste, landete auch gerne mal einer meiner Füße unter einem von Hjoerdis Hufen, wenn er gerade – wie konnte er bloß! - den kürzesten Weg zum längsten Grashalm versperrte.

Oder aber Hjoerdis ging im Stechschritt oder – zu meinem Glück eher langsamen – Trab mit mir spazieren. Die ständig wechselnden Führpositionen wählte sie dabei aus.

Eine Zeit lang machte ich das Ganze mit. Ich ließ es mehr oder weniger über mich ergehen. Ich war froh, dass es Hjoerdis wieder besser ging und wollte unsere Verbindung zueinander stärken, indem ich sie „mit"-entscheiden ließ, statt dominant über mein Pferd zu bestimmen.

Dass dies zu einer sehr einseitigen Kommunikation führte, in der ich – zumindest bei Spaziergängen - rein gar nichts mehr zu melden hatte, erkannte ich am Anfang nicht. Bis zu dem Tag, an dem sie mich auf dem Rückweg eines wieder einmal sehr flotten Spaziergangs beinahe komplett umgerannt hätte. Nachdem sie eine ganze Weile vorausmarschiert war und ich mittlerweile Mühe hatte, hinterherzukommen, hatte ich es irgendwie geschafft, sie hinter mich zu bringen.

Ich breitete meine Arme vor ihr aus, damit sie nicht mehr vorbei konnte. Aber sie versuchte trotzdem, an mir vorbei zu preschen. Als ich mich dabei fast komplett auf die Nase gelegt hätte, wurde ich wütend. Ich brüllte ein so lautes, herzhaftes „Nein, hier bin ich!" in die Welt hinaus, dass Hjoerdis geradezu erschrak und mich anschaute, als hätte sie mich gerade das erste Mal auf unserem heutigen Spaziergang überhaupt sehen können.

So gingen wir den Rest unseres Weges zum ersten Mal seit Langem wieder **gemeinsam** spazieren. Hjoerdis und ich gingen nebeneinander her, ohne dass eine von uns die andere umrempelte oder an ihr herumzerrte. Und während wir so friedlich zusammen durch den Wald liefen, wurde mir endlich klar, dass zu einer tiefen Verbundenheit zum Pferd, die ich mir so sehr wünschte, immer noch zwei gehörten: Nicht **nur** der Mensch. Aber auch nicht **nur** das Pferd. Sondern **beide**!

In all meinen Bemühungen, es Hjoerdis gutgehen zu lassen und ihre Bedürfnisse zu respektieren, war es so weit gekommen, dass ich meine eigenen Bedürfnisse verdrängt hatte. Ich war mir gar nicht mehr im Klaren darüber gewesen, was ich mir in der Beziehung zu meinem Pferd für mich selbst wünschte. Ich wusste nur, was ich mir für mein Pferd wünschte. Und so konnte ich meine eigenen Grenzen meinem Tier gegenüber gar nicht verständlich abstecken. Ich wusste ja selbst nicht, wo sie entlangliefen.

Aber manchmal ist ein klares „Nein" einfach leichter zu verstehen, als ein leises „vielleicht", das einen fast grenzenlos wirkenden Interpretationsspielraum zulässt.

Dass die Themen Sichtbarkeit, „Einstehen für meine eigenen Bedürfnisse" und „Grenzen setzen" für mich persönlich eine große Herausforderung waren und immer noch sind, war mir bis dahin nicht wirklich bewusst. Erst durch den Konflikt mit meinem Tier, in denen mich Hjoerdis immer wieder herausforderte, konnte ich mir dessen bewusst werden.

Das ist die wertvolle Seite an Konflikten. Denn wenn uns ein bestimmtes Verhalten unseres Tiers triggert (d. h. eine starke emotionale Reaktion bei uns auslöst), gibt dies oft Hinweise auf noch unerkannte Seiten an uns selbst.

Und das Beste daran ist: Wenn wir diese unbewussten Themen erst einmal entdeckt haben, können wir sie nicht nur in der Beziehung zu unserem Tier auflösen, sondern unsere Entwicklung auch direkt auf alle anderen Felder unseres Lebens übertragen. Und sollten wir unsere Erkenntnisse und Fortschritte doch einmal wieder vergessen oder vernachlässigen, können wir uns sicher sein, dass uns unsere Tiere gerne dazu einladen, uns erneut daran zu erinnern.

Ich glaube, wenn wir bereit sind, uns unseren Herausforderungen mit unseren Tieren **gemeinsam** zu stellen und **zusammen** eine Lösung zu finden, mit der beide Seiten zufrieden sind, dann kann unsere Beziehung daran nur wachsen. Wir werden uns noch enger miteinander verbunden fühlen, als zuvor.

Unser Band wird immer stärker. Und mit jedem kleinen Hindernis, das wir gemeinsam überwinden, bereiten wir uns ganz automatisch auf die nächsthöhere Hürde vor, durch die wir dann wiederum noch stärker hervorgehen. Und das macht uns beide zusammen unbesiegbar!

Bist du ein/e Botschafter/in für die Tierwelt?

von Sonja Neuroth

„Eines Tages werde ich Pferdetrainer/in, Hundetrainer/in oder Tierarzt/-ärztin!" - Hattest du vielleicht als Kind schon den Wunsch, mal „was mit Tieren" zu machen (vielleicht ja sogar ein ausgefallenerer Beruf als die erwähnten)?
- Doch du hast deinen Traum wieder aus den Augen verloren? Vielleicht wurde er dir auch ausgeredet?

Bei mir war es nicht so, dass ich schon immer wusste, dass ich mit Tieren arbeiten werde. Tatsächlich hat mich meine Tierberufung sogar aus dem Nichts heraus „erwischt" - alles ganz anders, als geplant.

Ich war in den letzten Zügen meines Master-Studiums in skandinavischer und finnischer Sprache und Literatur und machte ein Auslandssemester in Wikingerstudien (ja, das gibt's!) an der Uni Island. Da fanden Freunde von mir in Deutschland kleine Kätzchen im Komposthaufen, die Unterstützung brauchten. Sie waren von einer Wildkatze und brauchten ärztliche Versorgung - und auch ein Zuhause.
Nachdem ich zuvor bestimmt ein Jahr lang jedem erzählt hatte, dass ich unbedingt mal eine Katze haben möchte, fragten sie mich als Erste, ob ich nicht 1, 2 oder 3 der Kleinen nehmen mag.
Aaaawww - da konnte ich ja nicht widerstehen, als ich ihr Foto sah und sie aus dem Nichts heraus gleich mit mir zu sprechen begannen. Sie erzählten, welche der drei bei mir einziehen möchten und wie sie heißen wollen. Na klar, ganz „wikingerhaft" Thor und Loki! (tatsächlich zeigten sie mir da schon, dass das auch zu ihren Charakteren passen wird).

Über die folgenden Wochen sammelte ich, ohne es geplant zu haben, meine ersten direkten Erfahrungen mit Tierkommunikation, da ich intuitiv über die Ferne immer wieder mit ihnen sprach und sie darauf vorbereitete, dass sie bei mir leben würden, wenn ich zurück in Deutschland bin.

Es war wirklich so, als hätten wir uns schon ewig gekannt - und als ich sie dann das erste Mal „live" sah und abholte, kamen sie gleich auf mich zugetapert, als wollten sie sagen: „Da bist du ja endlich, dann lass uns mal losfahren!"

Seitdem ließ mich das Thema Tierkommunikation nicht mehr los. Ich las Bücher und belegte Kurse.

Im ersten Kurs klappte es auch bereits so gut, dass ich wusste: „Ich möchte das weiter machen und damit vielen anderen Mensch-Tier Teams helfen". Sprachen übersetzen war ja ohnehin schon mein Ding - warum also nicht auch Energiesprache ins Deutsche übersetzen?

Sehr schnell zeichnete sich ab, dass es für mich keinen Sinn machte, mein Studium noch zu beenden. Ich hatte ohnehin nicht vor, jemals in dem Bereich zu arbeiten, da mir die Welt der Wissenschaft nun reichte und auch ein Job als Angestellte in der freien Wirtschaft definitiv nicht für mich in Frage kam. Ich wusste bereits, dass ich die „schlechteste Angestellte der Welt" sein würde.

Da ich nun schon aufgrund meiner außergewöhnlichen Studiengänge gewöhnt war, dass Menschen fragten: „Und was willst du dann später damit machen? Kann man damit überhaupt Geld verdienen?", wagte ich es, meinen Traum vom eigenen Tierbusiness jetzt einfach weiterzuverfolgen.

Natürlich rate ich niemandem, sein Studium oder seine Lehre abzubrechen, bitte nicht falsch verstehen! Es kommt auch immer darauf an, was für ein Typ du bist.

Für mich hat es noch nie funktioniert, mich lange Zeit durch Dinge hindurch zu quälen, hinter denen ich keinen Sinn (mehr) sehe. Da stecke ich lieber dreifach so viel Arbeit in ein Projekt hinein, das dann aber auch meins ist. Und wenn ich einmal einen Traum oder ein Ziel habe, gebe ich es auch nicht auf!

Erkennst du dich darin wieder? Oder fällt dir jetzt vielleicht spontan ein Traum ein, den du aufgegeben oder -geschoben hast, weil du dich bisher noch nicht getraut hast? Vielleicht auch, weil andere dir gesagt haben, es sei unvernünftig, dem nachzugehen?

Vielleicht kann dieses Kapitel dich ermutigen, eben doch dem zu folgen, was dich ruft ...

Zurück zu meiner Geschichte ... Ich fing also an, ganz unvernünftig ein Tierbusiness zu starten. Ohne Erfahrungen in der Businesswelt und noch als Studentin.
Ich hatte keine Ahnung davon, wie es „richtig" geht, aber war bereit, alles zu sein und zu tun, was erforderlich ist, um dieses Business aufzubauen.
Ich würde lügen, wenn ich behaupte, dass es nur easy und freudvoll war! Ich musste so viel lernen ...

Es fing damit an, dass sich eine andere Tierkommunikatorin bei mir einmischte und kommentierte, dass meine Preise für eine Anfängerin ja wohl überzogen seien (ich nahm damals für ein Tiergespräch, das meist so 3 Stunden dauerte - weil ich noch nicht wusste, dass es auch sehr viel einfacher und effektiver geht - sage und schreibe 50 EUR) und dass man als Anfänger höchstens mal 25 EUR für diese Leistung nehmen dürfe. Ob sie es wirklich „gut" mit mir meinte oder mich gezielt verunsichern wollte, weiß ich bis heute nicht, da ich rückwirkend zu dieser Sache nur mit dem Kopf schütteln kann.
Damals kam ich mir aufgrund dieser Bemerkung aber extrem geldgierig mit meinen „überzogenen Preisen" vor und passte gleich alles nach unten hin ab. Wie man es allerdings mit diesen Preisen schaffen sollte, tatsächlich ein Tierunternehmen aufzubauen, war mir ein Rätsel (heute weiß ich: Es ist nicht möglich! Denn du schaffst es nicht, 40 Stunden die Woche Tiergespräche zu führen).
Danach wurde mir schnell bewusst, dass ich mit der Tierkommunikation alleine nicht auf dem Level mit meinen Kunden

arbeiten kann, das ich mir wünschte: Nämlich auch tatsächlich etwas zu verändern und nicht nur „nette Gespräche" zu führen.

Schnell fühlte ich mich überfordert, als durch die Tiergespräche auch bei den Menschen tiefersitzende Emotionen wie Ängste, Trauer, Wut usw. hochkamen, bei denen ich als Anfänger nicht wusste, wie damit umzugehen ist. Ich musste mich also dringend noch spezialisieren, um wirklich auf Dauer etwas zu bewirken. Dies war der Beginn einer Suche, die mich dazu führen sollte, Animal Creation zu entwickeln, nachdem ich diverse Methoden kennengelernt hatte.

Schließlich ging es mit dem Bereich Marketing weiter. Da hatte ich anfangs die naive Vorstellung: „Mach mal eine Webseite und dann kommen die Leute schon. Du bist ja dann im Internet". Ääääähm ... nein. Ganz abgesehen davon, dass meine erste Webseite laienhaft „zusammengeschustert" war, wurde ich eben nicht mal so von alleine gefunden, denn das Internet ist groß. Und damals war die Anzahl an Menschen, die nach Tierkommunikation suchten, überschaubar.

Niemand konnte mir so wirklich beim Businessaufbau helfen, da ich ehrlich gesagt keinen Menschen kannte, der bereits ein erfolgreiches Tierbusiness aufgebaut hatte und den ich hätte fragen können. Dennoch gab ich nicht auf und bildete mich in so ziemlich jedem Businessbereich weiter. Sei es Marketing, Webdesign, Buchhaltung oder auch Geldblockaden lösen (du erinnerst dich an die Sache mit den 25 EUR?).
Einige dieser Kurse, Coachings, Weiterbildungen usw. hätte ich mir im Nachhinein sparen können, da sie mich erst einmal von meinem eigentlichen Weg ablenkten. Da waren Marketingmethoden bei, von denen man sagte, ich müsse sie befolgen, um erfolgreich zu werden. Doch von Anfang an hatte ich kein gutes Gefühl, was sich schließlich später bestätigte: Sie passten weder zu mir, noch zu dem Business, das ich aufbauen wollte.
Dennoch ist ja nichts im Leben umsonst - auch wenn es sich in dem Moment so anfühlte. Circa drei Jahre lang tat sich von

außen betrachtet nicht viel in meinem Business. Es kamen immer mal wieder hier und da ein paar Kunden, aber lange nicht genug.

Ich begann daran zu zweifeln, ob ich überhaupt mit Tieren arbeiten sollte, wenn es doch „alles nicht läuft". Vielleicht ist das einfach nicht für mich „bestimmt"?

Doch was stattdessen machen? Ich hatte keine Ahnung! Meine Horrorvorstellung war es nach wie vor, irgendwo in einem Bürojob als Angestellte zu enden.
Also: Weitermachen!

Wer mir in der Zeit den Rücken stärkte, waren nicht nur meine Eltern (was ein Glück!), sondern auch meine Katzen. Sie sagten mir immer wieder: *Mach weiter, glaub an dich!*
Und tatsächlich: Immer als ich aufhören wollte, kamen neue Aufträge rein oder ich bekam so wertvolle Feedbacks von Menschen mit ihren Tieren, deren Leben sich durch unsere Zusammenarbeit verändert hatte.

Wenn die Tiere dich wirklich rufen, lassen sie nicht locker, bis du ihrem Ruf folgst! Das durfte ich immer wieder beobachten - auch bei den Menschen, die ich heute darin begleiten darf, sich ebenfalls ein Tierbusiness aufzubauen.
Wenn Tiere dich rufen, mit ihnen und ihren Menschen zu arbeiten, dann lassen sie nicht locker! Dieser Ruf ist kein penetranter, aber er kann trotzdem sehr deutlich sein. Zum Beispiel, indem immer wieder neue Tiere in dein Leben treten.
Vielleicht begegnen dir oft Tiere, die deine Hilfe brauchen? Seien es angefahrene Wildtiere oder ausgesetzte Haustiere oder auch Tierschutztiere, um die du dich kümmerst?
All das können Hinweise sein, dass du ein/e Botschafter/in für die Tierwelt bist.
Und nein, das heißt nicht zwingend, dass du dich damit selbstständig machen musst. Du kannst natürlich auch ehrenamtlich oder als Hobby mit Tieren arbeiten.

Aber vielleicht fragst du dich bereits, ob es nicht doch möglich ist, ein erfolgreiches eigenes Tierbusiness aufzubauen ...?

Nach den erwähnten ersten 3 Jahren ging es bei mir so weiter, dass ich mir nun alle Basics in der Tiefe angeeignet hatte, die es in Sachen Businesswissen braucht. Zumindest auf dem Level Kleinunternehmen, das ich damals noch führte. Ich wusste gefühlt sogar mehr über all diese Dinge als manch eine Freundin in meinem Umkreis, die zahlenmäßig in ihrem Business erfolgreicher waren, aber sich gar nicht so tief wie ich in Marketing, Webseitenbau usw. eingearbeitet hatten. Na toll, und jetzt?

Eine dieser Freundinnen, die selbst als Coach arbeitet, gab mir einen Impuls, der sich tief bei mir einbrannte und erstmal über mehrere Monate weiter „arbeitete". Sie sagte: „Du hast nun schon so viel gemacht und dir im Prinzip alles angeeignet, was du dir nur aneignen konntest. Ich glaube, jetzt ist nur noch eine Sache wichtig: Die Leichtigkeit! Deinem Business fehlt Leichtigkeit ..."

Ooooh, das saß tief! Ich tat doch das, was ich liebte? Ist das denn keine Leichtigkeit? Naja, wenn ich ehrlich bin, konnte ich mit dem Begriff *Leichtigkeit* damals noch nicht so viel anfangen. Sie hatte also recht!

Was dann passierte, ist eine Geschichte für sich und zu lang, um sie in diesem Buch zu erzählen. Sie führte mich noch einmal zu einer neuen Methode (den Access Consciousness Tools), die seitdem mein Leben und Business so bereichert und alles extrem verändert hat.

Zusammengefasst lässt sich sagen: Nun ging alles recht schnell: Nicht nur, dass die Aufträge anstiegen und ich die sogenannte Kleinunternehmerregelung verließ - ich kam auch noch viel mehr als bisher mit anderen Experten zusammen, gründete die Seelenfreunde Tierakademie und begann, andere mit Animal Creation auszubilden und Menschen zu coachen, die selbst auch ihr Tierbusiness starten oder wachsen lassen möchten.

Das Thema Leichtigkeit brachte so viel Veränderung, da ich begann, den inneren Kampf immer mehr loszulassen. Den Kampf, anders zu sein als andere und aus einer damals „verrückten Idee" ein Business zu starten.

Den Kampf, alles richtig machen zu wollen (was eh nie geht). Das Gefühl, da „vorne an der Front" ganz allein zu sein. Und auch den Kampf, dass JETZT sofort alles erfolgreich sein muss (okay, Geduld ist nach wie vor nicht meine Stärke).

Durch die Co-Kreation in der Tierakademie und auch immer wieder mit den wundervollen Teilnehmern und Absolventen der Animal Creation Ausbildung (ein Ergebnis dessen liest du ja in diesem Buch) durfte ich erkennen: Gemeinsam lässt sich so viel schaffen! Und es ist nicht mehr 2014, als gefühlt niemand die Tierkommunikation und andere „außergewöhnliche Methoden" kannte. Wir sind jetzt viele.

Wer mir eigentlich schon die ganze Zeit diese Leichtigkeit hatte mitgeben wollen, waren die Tiere! Jedes Mal, wenn ich mit ihnen in Bezug auf meine Situation kommunizierte, kam bereits diese Leichtigkeit rüber. Sie sagten, dass ich mir einfach nur vertrauen solle. Es ist eigentlich zu einfach - und vielleicht ignorieren wir deshalb oft die Hinweise der Tierwelt.

Mit Leichtigkeit meine ich übrigens nicht, dass alles immer nur positiv und einfach ist. Sonst würde ich jetzt nicht an dieser Stelle sitzen und mit an diesem Buch schreiben. Ich hätte aufgeben müssen.

Manchmal ist der einfache Weg vielleicht sogar der, dass du in deiner „bequemen" Festanstellung bleibst, die dir eigentlich keinen Spaß macht, aber dir ja immerhin Geld einbringt.

Wahre Leichtigkeit ist für mich viel mehr zu wissen, dass ich *meinem* Weg folge. Dem, der sich stimmig anspürt, auch wenn ich noch nicht genau weiß, wo er mich hinführt. Dieser Weg hat auch manchmal Steine oder Sackgassen, aber dann gilt es, eine neue Entscheidung zu treffen oder einfach dran zu bleiben und sich nicht beirren zu lassen, dass die erhofften Ergebnisse noch nicht da sind.

Was aber, wenn das auch Spaß machen darf? Und du es spielerisch angehen kannst ... Wenn dich die Tiere wirklich rufen, kannst du sowieso nichts anderes tun, als dem Ruf irgendwie und irgendwann zu folgen. SIE lassen nicht locker. Also warum solltest du locker lassen und deine Träume verraten?

Zur Reflexion für dich

Vielleicht hast du schon einen gewissen Ruf der Tiere wahrgenommen, aber fragst dich noch, was deine Tierberufung sein könnte?

Dann habe ich dir ein paar Fragen mitgebracht, die du dir selbst stellen kannst. Das sind keine Fragen, auf die du direkt eine Antwort haben muss. Lasse sie einfach wirken und erlaube dir, genau dann Impulse zu empfangen, wenn die Zeit reif ist!

Übrigens: Auch wenn ich hier viel über den Bereich Tierkommunikation bzw. als Animal Creation Coach arbeiten geschrieben habe: Ein/e Tierbotschafter/in muss nicht zwingend die Botschaften der Tiere übersetzen. Auch, wenn du Tieren einfach etwas Gutes tust und dich für sie einsetzt, bist du ein/e Botschafter/in. Diese Aufgabe kann sich in so vielen verschiedenen Bereichen und auf so unterschiedlichen Arten zeigen. Lass dich einfach überraschen. So wie ich damals, als ich meinen ersten Kurs in Tierkommunikation besuchte und vorher nicht die Absicht gehabt hatte, das tatsächlich beruflich zu machen. Damals hätte ich niemals erahnen können, dass ich eines Tages meine eigene Methode entwickeln würde ... Also, einfach los!

Fragen für dich:
• Gibt es einen Traum in Sachen Berufung, den du schon länger mit dir herumträgst, aber bisher noch nicht lebst? Falls ja: Was hindert dich wirklich daran, ihn auch zu leben? Was wäre, wenn du JETZT alle Ausreden und Zweifel löschen könntest?

Und würde es dir mehr Leichtigkeit bringen, zu wissen, dass du wenigstens damit gestartet hast - egal, wie weit sich der Traum dann auch verwirklicht?

• In welchem Zusammenhang hast du immer wieder mit Tieren zu tun? Suchen ganz bestimmte Tiere deine Nähe und wenn ja, mit welcher Absicht? Was hast du schon über deine eigenen Tiere gelernt, das du gerne mit der Welt teilen würdest?

• Welche Veränderung würdest du so gerne in die Tierwelt bringen? Zum Beispiel, dass jedes Tier „gehört" wird oder dass es artgerechtere Haltung gibt?

• Gibt es generell einen roten Faden, der sich durch dein Leben zieht und der nur darauf wartet, weitergeführt zu werden - um vielleicht auch andere Menschen und Tiere zu bereichern? (zB: Hast du wie ich in einigen Lebensbereichen immer wieder kämpfen müssen und keinen Erfolg erfahren - aber du kannst das Gelernte jetzt nutzen, um andere zu inspirieren, denen es ähnlich geht?)

• In welchen Momenten deines Lebens fühlst du dich am meisten wie „du", ohne jemand anders sein zu wollen oder dich erklären zu müssen? Möchtest du noch mehr dieser Momente erleben? Wenn ja: Notiere dir jetzt mindestens 5 Arten, wie du dies ausleben könntest.

✳Im Onlinebereich findest du zu dieser Übung noch ein Audio, das etwas mehr in die Tiefe geht.

Bereich 3: Die Sichtweise der Tiere

Haben Tiere wirklich dieselben Emotionen wie wir Menschen?

von Sonja Neuroth

Empfehlung: Lies dieses Kapitel in Kombination mit dem Kapitel Der Einfluss deiner Emotionen auf dich & dein Tier von Romana Rohrer. Beide ergänzen sich und greifen teilweise die gleichen Punkte aus unterschiedlicher Sicht auf.

Wie nehmen Tiere die Welt wahr? Haben sie genau dieselben Emotionen wie wir?

Ich kann mir denken, dass du dir diese Frage schon mindestens einmal gestellt hast und dass sie ebenso beim Lesen dieses Buches aufkommen wird.

Natürlich kann auch ich sie nicht allumfassend beantworten, aber ich teile gerne meine Erfahrungen aus der Arbeit mit Tieren mit dir.

Vielleicht ist dieses Kapitel eine ganz neue Sichtweise für dich; doch ich behaupte nicht, dass es die *einzig* gültige Wahrheit ist. Bitte überprüfe also für dich selbst, inwieweit meine Worte für dich stimmig sind.

Zu dieser Fragestellung gibt es natürlich viele Meinungen - und auch mindestens zwei Extreme: Zum einen die Menschen, die der Auffassung sind, dass Tiere gar nichts fühlen (wobei es inzwischen Studien gibt, die zeigen, wie Tiere in der Interaktion mit Menschen oder auch anderen mit Tieren Emotionen zeigen und sie unterscheiden können!) - zum anderen Menschen, die Tiere gern „vermenschlichen". Sie interpretieren in Handlungen der Tiere 1:1 menschliche Emotionen wie Eifersucht, Neid, Eitelkeit, Stolz usw. hinein, die teilweise auch auf dem Selbstbild basieren, das der Mensch über sich selbst hat („Bin ich gut genug, habe ich genug erreicht, ist der andere nicht hübscher als ich?") - etc.

Für mich ergeben beide Ansätze keinen Sinn. Durch die Tierkommunikation und meine direkten Interaktionen mit Tieren habe ich erfahren, dass sie sehr wohl gewisse Wünsche haben und dass natürlich auch Emotionen wie Freude und Angst bei ihnen entstehen kann.

Doch leider habe ich auch schon Tiergespräche gelesen, in denen der Übersetzer definitiv *seine* eigene Realität auf das jeweilige Tier projiziert hat: Emotionen, die auf Bewertung basieren, die ich so bei Tieren noch nicht erlebt habe, da sie keine moralischen Maßstäbe haben.

Beispielsweise sind Tiere nicht nachtragend oder bewerten, dass ihr Mensch „schlecht" oder „böse" sei. Natürlich können sie misstrauisch sein, wenn sie schon einmal schlecht behandelt wurden. Doch sie vergleichen nicht und denken auch nicht darüber nach, wie dieser Mensch anders sein sollte.

Mein Ansatz hierzu: Was, wenn Tiere sehr wohl Emotionen haben, doch diese ein bisschen anders sind, als wir das im alltäglichen Sprachgebrauch in Bezug auf typisch menschliche Emotionen sehen?

Lass uns das einmal genauer anschauen:

1. Grundemotionen bei Mensch und Tier

Emotion (lat. *emovere* = herausbewegen, emporwühlen) bezeichnet von seiner ursprünglichen Bedeutung her, dass sich etwas bewegt: Im Außen „bewegt" sich, bzw. passiert, etwas. Unser Gehirn antwortet darauf mit entsprechenden Hormonen, die ausgeschüttet werden und dem Körper mal stärker, mal schwächer signalisieren, wie er sich zu bewegen oder zu reagieren hat:

Ist es eine angenehme Erfahrung, „kribbelt" es vielleicht in deinem Körper, dir wird warm, du entspannst dich oder fühlst dich geborgen und beschützt (so wie bei dem sogenannten Bindungshormon Oxytocin, das unsere Körper ausschüttet, wenn wir unser Tier kuscheln oder nur an unser Tier denken).

Ist es eine unangenehme Erfahrung bzw. hat das Gehirn aus vorherigen Erlebnissen schon abgespeichert: *Pass auf, das hier könnte gefährlich werden*, ist die erste Reaktion vielleicht Anspannung, Angst, Fluchtbereitschaft oder du bereitest dich innerlich darauf vor, gleich zu fliehen.

Diese primären Emotionen, oder auch Instinkte, sind bei Mensch und Tier ziemlich ähnlich - immerhin sind wir biologisch gesehen ja auch Säugetiere.

Jede Erfahrung, die Mensch oder Tier machen, wird auch mit einem emotionalen Marker im Hirn abgespeichert (grob unterteilt in: *Tut mir das gut?* oder *Muss ich hier aufpassen, weil es gefährlich werden könnte?*), um später in einer ähnlichen neuen Erfahrung darauf zurückgreifen zu können und noch schneller Entscheidungen treffen zu können, wie der Körper reagieren soll.

Bei traumatisierenden Erlebnissen wie z.B. einem Hund, der in einer Tötungsstation Grausames erlebt, aber dann doch im letzten Moment gerettet wird, kann es vorkommen, dass die äußeren Einflüsse nicht richtig eingeordnet und verarbeitet werden können. Sie werden dann sozusagen erst einmal „heruntergeschluckt" und setzen sich dabei auch im Körper „fest".

Immer, wenn Mensch oder Tier später in ihrem Leben ähnliche Erlebnisse haben (und sei es nur, dass der besagte Hund aus der Tötungsstation später bei seinen neuen Menschen ähnliche Geräusche wie in der Station hört und sofort in Alarmbereitschaft versetzt ist), werden sie getriggert. Körper und Geist sind für einen kurzen Augenblick wieder mit dem damaligen, überfordernden Erlebnis verbunden.

Romana Rohrer erklärt in ihrem Kapitel über die Emotionen und ihren Einfluss auf deine Beziehung zu deinem Tier wundervoll, wie man im Hier & Jetzt noch mit diesen „alten" Emotionen umgehen und sie verarbeiten kann.

Ähnliches habe ich bei Tieren auch in der Praxis oft beobachten dürfen:

Da war eine traumatisierte Katze, die innerhalb weniger Jahre immer wieder ihr Zuhause verlor. Sei es, dass sie nicht erwünscht war und weitergegeben wurde, dass eines ihrer Frauchen, zu dem sie eine besonders innige Verbindung hatte, starb oder dass die Lebensumstände in einem ihrer Zuhause nicht mehr zu dem passten, was sie sich als Katze wünschte und brauchte.

Letzten Endes kam sie in ein liebevolles Zuhause, in dem sie heute noch lebt, doch dort ließ sie erst einmal im wahrsten Sinne des Wortes die „Sau" raus.

Sie markierte und fiel ihre neuen Katzenkameraden an, obwohl sie selbst sich dieses Zuhause gewünscht hatte und dort an sich sehr zufrieden ist.

Doch musste sie erst einmal das „Biest" herauslassen, da sich so viele heruntergeschluckte und angestaute Emotionen in ihr befanden. Diese „böse" Seite hatte die kleine, sehr unauffällige Katze zuvor nie gezeigt, weil alle vorherigen Katzenhalter nicht in der Lage gewesen wären, damit umzugehen. Sie fühlte sich nicht sicher genug, diese Emotionen herauszulassen und die Anspannung aus dem Körper zu entlassen.

Auch bei vielen Pferden habe ich beobachtet, dass gerade die so ruhigen und introvertierten, aus „schlechten Umständen" geretteten Tiere in ihrem neuen Zuhause erst einmal die genau gegenteilige Seite zeigen. Nicht aus bösem Willen, sondern um die Emotionen endlich herauszulassen.

Hast du ein Tier, das manchmal emotionale „Ausbrüche" wie Aggressionen oder Anspannungen zeigt? Nimm es bitte nicht persönlich, sondern gib ihm die Möglichkeit, das einmal herauslassen zu können, während du selbst so ruhig wie möglich bleibst.

Viele Tiere können diese Emotionen gut ausleiten, indem sie rennen, bellen, jaulen, sich schütteln oder ihre Krallen am Kratzbaum wetzen. Natürlich sollte es ein *No-Go* sein, dass dein Tier dabei andere Tiere oder Menschen angreift. Hier kannst du aber liebevoll und sanft eine Grenze setzen, indem du mit einem *Nein* vermittelst, dass Gewalt gegen andere nicht geht.

Auch Bachblüten können dein Tier in dieser Situation unterstützen.

Im Kapitel *Kennst du die Stärke der Tierheimhunde?* von Regina Kubik sowie in unserem Onlinebereich findest du noch eine energetische Übung, wie du deinem Tier Ruhe vermittelst. Du selbst kannst in dieser Ruhe bleiben; auch, wenn dein Tier gerade mal seine „verrückten 5 Minuten" hat und sich austobt, bzw. angestaute Emotionen herauslässt.

So viel zu den primären, unmittelbaren Emotionen, die durch ein Ereignis ausgelöst und auch als Erinnerung abgespeichert werden.

Doch dann gibt es noch etwas, das wir Menschen ganz besonders gut können - und was ich bei den Tieren bisher eher nicht beobachtet habe:

2. Alles Drama, oder was?

Wie du wohl bereits herausgelesen hast, sind Emotionen subjektiv. Sie beruhen auf den Erfahrungen, die wir bisher gesammelt haben und helfen dabei, Reize von außen noch besser einzuordnen.

Ein Stück weit sind wir also immer „in der Vergangen-heit", denn neue Erlebnisse werden mit alten abgeglichen und dementsprechend eingeordnet.

Doch Menschen denken zusätzlich auch noch sehr viel nach - vielleicht hast du es schon bemerkt? :-D

Bereits in dem Wort *nach*-denken steckt die Vergangenheit. Wir denken nach, um eine aktuelle Situation mit der Vergangenheit und unseren bisherigen Erlebnissen abzugleichen.

Tiere haben natürlich ebenso wie wir ein Gedächtnis und wie oben beschrieben können sie auch „getriggert" und wieder in alte Erlebnisse zurückversetzt werden.
Doch sie denken nicht dauernd darüber nach: „Warum habe ich damals den Fehler XY gemacht? Was hätte ich anders machen sollen? Was ist falsch an mir?". Sie spinnen nicht wie Menschen eine Geschichten rund um eine Sache und fragen sich nicht, was anders wäre, wenn sie in einer Situation anders gehandelt hätten.
Sie nehmen Vergangenheit und Gegenwart hin, wie sie sind - und reagieren so, wie es sie ihre bisherigen Lebenserfahrungen gelehrt haben. Auch haben sie keine Bewertung in „gut" oder „schlecht", sondern eher in Vorlieben und Abneigungen (*Das mag ich, das mag ich nicht*).

Menschen sind sehr gut darin, alle möglichen Situationen im Kopf durchzugehen - sei es nun in Bezug auf Vergangenheit oder mögliche Zukunft.

Vielleicht bist du selbst ein/e „starke/r Denker/in" und hast die Angewohnheit, Situationen gefühlt tausende Male im Kopf durchzuspielen - immer aus einem etwas anderen Blickwinkel heraus?
Und hast du schon einmal bewusst erlebt, was das emotional mit dir macht?

Jedes Mal, wenn wir uns eine Situation vorstellen oder uns an etwas erinnern, sind wir emotional voll „drin". Bei unserem Körper kommt das so an, als würde er all das genau in diesem Moment real erleben.
So kannst du innerlich auch in „der Hölle" sein, wenn deine äußeren Umstände eigentlich gerade gut sind. Durch deine subjektive Sichtweise auf ein Thema und wie du es persönlich

wahrnimmst, spinnst du dir vielleicht eine ganz andere Geschichte zusammen als das, was gerade passiert.

Genau das machen Tiere nicht. Und wenn dann eher, weil sie sich unserer Energie anpassen und auf unsere Ängste reagieren. Bei Wildtieren, die keine Menschen haben, kannst du dieses Phänomen nicht beobachten (oder hast du schon mal einen Specht gesehen, der zur Psychotherapie muss, weil er sich Sorgen macht, ob er morgen noch genug Holz hat, auf das er klopfen kann?)

Natürlich können auch Tiere Angst vor etwas haben, das bevor steht, doch es ist weniger eine Angst vor DER Zukunft, als viel mehr vor einem Erlebnis, das sie abgespeichert haben und nicht noch einmal erleben möchten (z.B. ein Hund, der aus dem Tierschutz kommt und die generelle Angst hat, im neuen Zuhause noch einmal abgegeben zu werden). Dabei zerbrechen sie sich jedoch nicht den Kopf oder gehen im Geiste alle möglichen Horrorszenarien durch und fragen sich: *Was, wenn ….?*

Wenn ihre Menschen zu sehr in dieser inneren „Kopf-Welt" und all den Emotionen, die dadurch ausgelöst werden, sind, können die Tiere tatsächlich auch nicht viel mit ihnen anfangen. Sie verstehen gar nicht, was gerade mit ihrem Menschen los ist und warum er so „abwesend" ist *(Was du tun kannst, um dich als Tiermensch aus diesem Zustand zu lösen, kannst du in Romana Rohrers Kapitel über die Emotionen nachlesen).*

Ich würde diese Art der Emotionen die konstruierten Emotionen nennen. Sie basieren meist auf einer Geschichte, die wir uns selbst oder anderen erzählen. Es sind nicht unbedingt unsere primären Lebensinstinkte, die dabei angesprochen werden, sondern meist Emotionen wie Neid, Schuld, Eifersucht etc. - Emotionen, die eher entstehen, wenn du einen größeren Kontext hast oder dich selbst in Relation zu jemandem oder etwas setzt und wenn du dein Handeln oder die Umstände moralisch bewertest.

Ängste und Unsicherheiten, die aus diesem Nachdenken entstehen, sind eher abstrakt und weniger greifbar, da sie sich nicht auf das Hier und Jetzt beziehen.

Es ist toll, dass wir diese Fähigkeit haben und dass wir Situationen auch hypothetisch oder aus vielen verschiedenen Blickwinkeln betrachten können.
Und vielleicht hast du dennoch gerade deshalb ein Tier an deiner Seite, damit da jemand ist, der dich daran erinnert, das Leben unkomplizierter zu sehen?

Jemand, der dich tatsächlich mal aus dem Reaktionsmodus (*Was hätte ich machen sollen? Was ist richtig?*) herausbringt und stattdessen einlädt, in deinen natürlichen *Seins*-Zustand zu kommen? Dem Zustand bedingungsloser Freude, Dankbarkeit und Leichtigkeit, im Hier und Jetzt.
Was, wenn Tiere uns eigentlich einladen, uns das Leben weniger komplex zu machen und stattdessen mehr zu genießen? Und die Dinge zu nehmen, wie sie gerade sind?

Ja, es werden immer auch unangenehme Dinge dabei sein. Doch was, wenn du die dazugehörigen Emotionen einfach „abschütteln" kannst, so wie es Tiere manchmal tun?

Die pure Lebenskraft und der stark ausgeprägte Lebenswille der Tiere

von Regina Kubik

Nachdem unsere letzten beiden Hunde über die Regenbogenbrücke gegangen sind, wollten wir *eigentlich* erst einmal keine Tiere mehr aufnehmen, mein Mann war sich dessen ganz sicher. War ich das auch? Ich denke eher nicht…

Seit einiger Zeit schlich in bestimmten Abständen eine hübsche graue Katze um unser Haus herum, zu unterschiedlichen Zeiten. An einem kalten Winterabend saß die kleine Katze vor unserer Terassentür und machte auf mich einen sehr traurigen Eindruck. Sie tat mir unendlich leid und ich machte mir ein wenig Sorgen um sie. Nicht unbedingt zur Freude meines Mannes machte ich die Tür auf und ließ die kleine Fellnase in unsere Wohnstube.
Sie sah zum Glück nicht verhungert aus, sie hatte eine ganz besondere Ausstrahlung, eine gewisse Grazie, eine kleine Göttin eben. Sie war sehr neugierig und gesprächig. Sie fühlte sich bei uns erstaunlicherweise wie zu Hause. Wie goldig, dachte ich. So kam Polli in unser Leben, auf ganz leisen Pfoten.

Diese Katze war hier im Dorf bekannt, doch keiner konnte sagen, ob sie ein Zuhause hatte, also nahmen wir die Katze bei uns auf, sie bekam den Namen Enja und wurde natürlich entfloht und beim Tierarzt durchgecheckt. Sie wurde auf ca. 5 Jahre geschätzt und ist eine absolute Freigängerin. Sie lebte nun ca. 6 Monate ganz entspannt bei uns und fühlte sich sichtlich wohler.
Eines nachmittags standen wir bei uns an der Garage und Enja kam zu uns, um sich Streicheleinheiten abzuholen, da riefen zwei kleine Jungs ganz laut; „Oh, da ist ja Polli!" und rannten auf unsere Katze Enja zu. Ich fragte die beiden: „Ist das *eure* Katze?"

Es kam ein freudiges „Ja" aus deren Munde. Ich war geschockt und es sprudelte aus mir heraus: „Diese Katze lebt seit ca. 6 Monaten bei uns, da wir der Meinung waren, sie hätte kein Zuhause! Das muss euch doch aufgefallen sein oder habt ihr die Katze nicht vermisst?!"

„Nö, Mama und Papa sagen immer, das ist eine Wildkatze." Ah ja…so nach dem Motto ‚habe ich Bock auf meine Katze, ist es meine. Habe ich keinen Bock auf die Katze, ist es eine Wildkatze' und schon bin ich raus aus der Nummer, alles klar!! Man, war ich sauer und traurig. Wie respektlos gehen nur einige Menschen mit ihren Tieren um, ich fühlte mich so hilflos.

Ab dem Tag haben wir Polli dann schweren Herzens nicht mehr zu uns ins Haus gelassen, das tat weh. Sie stand regelmäßig vor unserer Terassentür und guckte mich mit ihren Bernsteinaugen ganz erwartungsvoll an. Irgendwann verließ sie ganz stolz und graziös unseren Garten. Was für eine Lebenskraft diese elegante Katze ausstrahlt.

Ich dachte immer wieder an Polli, machte mir große Sorgen um diese so aparte Katze, da sie doch recht zierlich war und wer weiß…vielleicht wurde sich weiterhin nicht um diese süße Fellnase gekümmert!

Zwei Monate später haben wir gelesen, dass eine graue Katze aus unserem Dorf, total unterkühlt und durchnässt, im Tierheim abgegeben wurde. Ich setzte mich sofort ins Auto und fuhr ins Tierheim, es war tatsächlich Polli! Sie wurde dort bereits vor gut 2 Wochen abgegeben und es hatte sich bis dato niemand gemeldet. Sie wurde einfach nicht vermisst!

Gemeinsam mit einem Pfleger besuchte ich Polli im Quarantänezimmer. Sobald sie mich nur sah, maunzte sie so laut, dass es mich sehr berührte. Sie strich mir um die Beine mit einem eindringlichen Blick: *Bitte bitte nimm mich mit!* - Was ich dann auch tat, nach Einwilligung der Pfleger und meiner Mitteilung über Pollis „traurige Vergangenheit".

Es heißt ja, Katzen suchen sich ihr Zuhause selber aus, wenn sie die Chance dazu bekommen. Für Polli ging die Reise eben über das Tierheim, so kann es manchmal passieren.

Sie hat sich ihr neues Zuhause schon bei unserer ersten Begegnung gezielt ausgesucht, da waren wir beide schon miteinander verbunden. Wir haben uns gegenseitig angezogen.

Nun blieb Polli nachts grundsätzlich im Hause und war tagsüber viel auf Erkundungstour. Sie genießt nun seit einigen Jahren ihr Leben in vollen Zügen, muss nicht mehr hungern oder frieren. Sie wird uns gegenüber immer zutraulicher, lässt sich immer öfter anfassen und streicheln und kann dies auch so langsam sehr genießen. Mag sie nicht mehr, zeigt sie es ziemlich deutlich, warnt aber immer vor. Wir akzeptieren es natürlich.

An einem warmen Sommertag hörten wir auf einmal einen Katzenschrei, der so heftig durch den Magen ging, es war schrecklich. *POLLI, das war Polli*, dachte ich und lief gleich runter in den Garten. Ich sah sie auf der Wiese humpelnd im Kreis laufen und ich hörte sie ganz laut und aufgeregt maunzen. Sie muss heftige Schmerzen gehabt haben, wir konnten sie nur mit einem großen Handtuch einfangen. Sie war außer sich vor Schmerz. Ganz vorsichtig haben wir sie in ihre Transportbox gelegt. Ich bin sofort zum Tierarzt gefahren, dort war die Hölle los, rappelvoll.

Polli wurde leider von einem unerfahrenen Tierarzt behandelt, der nicht erkannt hatte, dass die Achillessehne abgerissen war. Das Röntgen war eine Tortour, mir wurde nur mitgeteilt, dass nichts gebrochen sei und der Katze wurde ein Schmerzmittel gespritzt.

Das Wochenende war schrecklich und am Montag bin ich sofort wieder zum Tierarzt gefahren und habe eine bestimmte Tierärztin verlangt, sie ist einfach klasse. Die Untersuchungen liefen diesmal sehr stressfrei – geht doch! Nochmal eine Röntgenaufnahme, diesmal gekonnt. Diese Tierärztin hat sofort am humpelnden Gang erkannt, dass es sich bei Polli um eine Verletzung der Achillessehne handeln musste; was dieses Röntgenbild dann auch bestätigte. Wir vereinbarten sehr zeitnah einen OP-Termin in einer sehr guten Tierklinik.

Jetzt begann eine Zeit, in der ich erkannte, wie stark unsere Katze am Leben hängt, sie zeigte es mir sehr deutlich: Sie WILL leben!

Die Operation wurde vom Klinikchef persönlich durchgeführt, da die OP schon etwas speziell und auch sehr, sehr schmerzhaft ist, wie man mir am Vortag erzählt hatte. Arme Polli...

Am Nachmittag erhielt ich einen Anruf, dass Polli sehr tapfer alles gut überstanden habe und ich sie aus der Klinik abholen dürfe. Was war ich erleichtert, dass dieser schwierige Eingriff positiv verlaufen ist.

Das neue „Krankenzimmer" wartete bereits zu Hause auf die kleine tapfere Samtpfote: eine große Hundetransportbox! Dies sollte für die nächsten Monate – ja, du hast richtig gelesen: für die nächsten Monate – Pollis Zuhause sein, was für eine Vorstellung. Das operierte Beinchen durfte auf keinen Fall belastet werden. Sie durfte weder laufen, noch springen und das über eine so lange Zeit. Hoffentlich hält der kleine Freigänger das aus, ich hatte Angst.

Wir haben ihren neuen Platz ganz kuschelig mit Handtüchern, Kuscheldecke und Kissen ausgeschmückt. Leider musste dort auch noch das Katzenklo Platz finden, was sich etwas schwierig gestaltete.

Erstaunlicherweise hat Polli diesen kleinen „Kuschelraum" sehr schnell akzeptiert und war nun erst einmal froh, wieder Zuhause zu sein. Sie schlief in den ersten Tagen sehr viel! Tiere spüren sehr genau, was ihnen guttut und handeln danach.

Sie durfte auf keinen Fall an der Wunde lecken und das Klinikpersonal gab uns einen Trichter mit. Ich HASSE diese „Dinger" und sagte zu Polli: „Das schaffen wir auch ohne Trichter, ok?!" Polli sah mich mit großen, dankbaren Bernsteinaugen an und zwinkerte, als wolle sie mir sagen: „Danke!" Wir brauchten wirklich keinen Trichter. Diese kleine tapfere Maus war sehr diszipliniert, ich war wirklich sehr beeindruckt. Konnte sie ab und an doch nicht widerstehen, an der Wunde zu lecken, reichte ein kurzer Stopp-Laut und sie ließ von der Wunde ab, ich war echt mächtig stolz.

Polli erholte sich so langsam von der Operation und ihr Bewegungsdrang erwachte. Sie war nun schon gute 2 Wochen in der Hundebox „gefangen". Mit der Zeit nervte sie der eingeschränkte Liegeplatz. Wir beschlossen, das Katzenklo rauszusetzen und es ihr des Öfteren anzubieten. Das klappte erstaunlich gut. Polli sagte nun tatsächlich durch ein kurzes Maunzen Bescheid, wann sie aufs Klo musste. Sogar des nachts weckte sie mich, es war wirklich unglaublich. Wir machten dann die Tür der Box auf und schwupps saß sie mit ihrem kleinen Po im Klo, prima.

Nach weiteren 2 Wochen wurde sie immer quengeliger in der kleinen Kiste, was wir durchaus nachvollziehen konnten, aber was sollten wir machen? Da hatte mein Mann eine geniale Idee: Wir haben ihre große Katzendecke vor die Hundebox gelegt, das war sozusagen die Grenze, bis wohin sich Polli bewegen durfte. Es klappte bestens, ich konnte es kaum glauben. Sie blieb auf der Decke oder stolperte in die Box. Bewegte sie sich zu oft, konnten wir sie sogar mit bestimmten „Kommandos" ins Liegen bringen.
Ich war so fasziniert, dass diese freiheitsliebende, stolze Katze über so viel Disziplin verfügt, von dem sich so manch ein Mensch etwas abgucken kann. Diese zarte Samtpfote darf sich über Wochen kaum bewegen und akzeptiert es ganz einfach. Ich glaube, dass es auch eine Vertrauenssache zwischen der Katze und uns ist. Sie vertraut uns ganz einfach, dass wir es gut meinen.

Damit sie auch den Sommer draußen ein wenig genießen konnte, kauften wir ein Freilaufgehege, so konnte sie zumindest ein wenig die Sonne an der frischen Luft genießen. Trotz des

Gitters um sie herum merkte ich, dass es zur Heilung beitrug. Allein die Geräusche und der Duft im Garten und natürlich das Vogelkino trugen zur Genesung bei.

Das ganze Prozedere dauerte tatsächlich 5 Monate. Ihr eingeschränkter Bewegungsradius wurde nach weiteren Wochen immer mehr vergrößert. Auf keinen Fall durfte Polli springen. Wie soll man das einer Katze erklären, es ist einfach unmöglich. Wir gaben von Zeit zu Zeit immer weitere Räume für sie frei und zum Schluss durfte auch die Treppe eigenständig von ihr genutzt werden. Wir brauchten sie nun nicht mehr in der Hundebox hin- und her transportieren.

Was für eine Erleichterung – auch für uns, denn die Box war doch recht unhandlich. Nach weiteren Wochen durfte Polli sich im ganzen Haus aufhalten, nur die „Sprungschanzen" wurden zugedeckt. Es sah bei uns aus wie bei „Hempels unterm Sofa". Das nahmen wir allerdings gern in Kauf.

Ja, es waren anstrengende 5 Monate, das gebe ich gerne zu. Diese Zeit hat sich aber so sehr gelohnt. Der zarten Fellnase geht es inzwischen wieder sehr gut, sie kann ganz normal laufen, springen, toben und auch spielen – und das mit stolzen 12 Jahren. Das alles hätte sie nicht mehr erleben dürfen, hätten wir sie einschläfern lassen.

Jedes Mal, wenn Polli sich ausgiebig in der Sonne putzt oder schnurrend auf dem Sofa meine Streicheleinheiten genießt, weiß ich einfach, dass unsere Entscheidung genau die richtige war.

Fazit:
Ob es nun ihre ersten Lebensjahre waren, die sie ganz alleine fast ohne Fürsorge bestreiten musste oder die schwere Verletzung nach einem Katzenkampf, Polli hat nie aufgegeben! Ich bewundere sie sehr.

Wir können viel von unseren Tieren lernen. Polli hat mir gezeigt, dass man immer an sich glauben sollte und aufgeben keine Option ist. Dass man auch in sehr beschwerlichen Situationen oder bei starken Schmerzen nicht die Hoffnung verlieren sollte.

Meine Katze hat mir durch *ihre* Stärke deutlich gezeigt, dass ich mir keine Sorgen mehr um sie machen muss und jetzt entspannter mit ihr leben kann, indem ich ihr einfach vertraue.

Schön, dass es dich gibt, kleine tapfere Polli.

Meine Botschaft an dich:

Mit meiner Geschichte möchte ich dir gerne mitteilen, dass du immer an dein Tier glauben solltest. Habe Vertrauen zu deinem Tier und unterstütze es. Beobachte es in schwierigen Situationen, z.B. nach Unfällen oder Krankheiten. Was genau möchte dein Tier dir sagen.

In meinem Umfeld wurde ich auf unsere Entscheidung angesprochen, dass SIE Polli diese 5 Monate NIEMALS zugemutet hätten. Sie empfanden es als „Quälerei". Ich hatte auch überlegt und mich dann in die Katze hineingefühlt und pure Lebensfreude empfangen. Meine innere Stimme sagte mir eindeutig: Polli WILL leben! Die Tiere haben es verdient, dass wir ihnen eine Chance geben.

Glaube an dein Tier und gebt euch gegenseitig Halt! Vor allen Dingen mache dir nicht zu viele Sorgen um dein Tier, dadurch belastet du es nur unnütz. Tiere nehmen die aktuelle Situation einfach an und machen das Beste daraus, ohne alles „zu hinterfragen". Sie leben JETZT.

Polli und mich verbindet heute eine Leichtigkeit, die wir beide sehr genießen und das Leben noch lebenswerter macht.

Lebe und lasse deine Sorgen einfach los ... die Tiere leben es uns vor, mit ihrem starken Lebenswillen. Dies möchte ich dir mit meiner Geschichte auf den Weg geben, probiere es einfach mal aus, es lohnt sich!

Wie meine Katze Robin meine Sicht auf Alter, Krankheit und Tod veränderte

von Kerstin Michels

Meine liebe Robin, …
… danke, dass du mich ein Stück begleitet hast.
… danke, dass du mich so viel gelehrt hast,

durch deine Sanftmut
durch deine Weisheit
durch deine Ruhe
durch deine Furchtlosigkeit
durch deine Zuversicht
durch deine Kraft
durch deinen Mut
durch deine Hingabe
durch dein Vertrauen
durch deine Geduld (mit mir)
(geschrieben am Tag ihres Todes)

Unsere liebe Robin, Stallkatze, Ziehmutter, ein Engel auf vier Pfoten, die Sanftmut in Person

Bei meiner Tante auf dem Bauernhof gab es immer genug Katzen; und in unserem Pferdestall immer genug Mäuse. Eine Katze würde unser Stallleben sicher bereichern und die Mäusepopulation hoffentlich in Schach halten. Also brachte mein Vater eine kleine, graugetigerte Katze vom Hof seiner Schwester mit zu uns. Robin fühlte sich gleich wohl und blieb. Anderes hatte ich auch nicht erwartet.

Viele Dinge in Bezug auf Robin fielen mir erst Jahre später auf. Unter anderem ist mir erst jetzt klar, dass Katzen durchaus sehr eigensinnig sind und sich lieber auf eigene Faust ein neues Zuhause suchen würden, als irgendwo zu bleiben, wo es ihnen nicht gefällt.

Robin blieb, also gefiel es ihr wohl. Die Jahre gingen ins Land und Robin machte einen guten Job. Sie ließ die Schwalben im Stall unbehelligt brüten und kümmerte sich um die Mauspopulation im Umkreis von einem halben Kilometer. Zur Freude meiner Freundin, die beim Anblick einer Maus immer leicht nervös wurde.

Ich selbst hatte dieses kleine Problem mit Spinnentieren, wobei Robin mir leider nicht helfen wollte. Die dicken schwarzen Krabbler interessierten sie genau so wenig wie die brütenden Schwalben. Sie ließ sich auf den Schoß nehmen und streicheln, war da, wenn wir auch da waren. Nie hat sie auch nur ein einziges Mal ihre Krallen ausgefahren, niemals hätte sie jemanden von uns verletzt. Sie war die Sanftmut in Person. Gut, besagte Mäuse würden mir da jetzt vehement widersprechen, aber Robin konnte Job und Privates gut trennen.

Eines Tages entdeckten mein Vater und meine Tochter zwei Babykatzen in der Hecke beim Pferdestall. Beide klein und schwach, aber mit einem sehr ausgeprägten Überlebenswillen. Der kleine Schwarze war extrem ängstlich, aber augenscheinlich kräftig genug, um im Stall ohne besondere Maßnahmen zu überleben. Die Graue hingegen machte meiner Tochter unmissverständlich deutlich, dass sie es allein nicht schaffen würde und zog sich mit ihren letzten Kräften am Hosenbein hoch, bis sie sich an den warmen Körper kuscheln konnte.

Meine Tochter brachte sie mit und so hatten wir nun auch eine Hauskatze, was ich nie wollte. Wir zogen sie mit der Flasche auf, bis sie aus eigenen Kräften fressen konnte. Was das mit Robin zu tun hatte? Nun, der kleine Schwarze, Jason getauft, war also jetzt im Stall und so wurde Robin über Nacht die Ziehmutter eines kleinen Findelkindes. Auch diesen Job machte sie gut, wobei sie das Mäusejagen der Erziehung dieses kleinen Flegels sichtlich vorzog. Da gab es schon mal auf die Nase, wenn es sein musste.

Die kleine Graue, Jenny, entpuppte sich als extrem kratzbürstig, vielleicht aufgrund ihrer Nahtoderfahrung, denn sie hätte die erste Nacht bei uns fast nicht überlebt. Sie zu streicheln war immer ein „Spiel mit dem Feuer". Wenn ich sie hochnahm, um sie z.B. in ihr Zimmer zu bringen (ja, sie bekam ein eigenes Zimmer, sonst hätte sie nachts unsere gesamte Wohnung verwüstet), zog ich mir dafür Handschuhe an. Kratzwunden auf unseren Armen und Händen waren von dem Tag an, als Jenny hier einzog, normal.

Ich bin trotzdem sehr dankbar dafür, dass sie bei uns war, denn jedes Tier bereichert unser Leben und zeigt uns etwas. Jenny zeigte mir, dass ich Robins inneren Werte bisher gar nicht richtig wahrgenommen hatte. Ihre Liebe, Wärme und Sanftmut wurden mir erst durch Jennys Kratzbürstigkeit bewusst gemacht.

Wie oft geht uns das so im Leben?

Wie oft übersehen wir die Schätze des Lebens in unserem Alltag, weil wir einfach nicht genau hinsehen und alles für selbstverständlich hinnehmen?

Wie oft hältst du inne und fragst dich, wofür du dankbar sein darfst in deinem Leben?

Wie oft erkennst du das wahre Wesen deines Tiers, ohne auf problematisches Verhalten zu schauen?

Wie oft bist du dankbar dafür, dass dein Tier bei dir ist und dass es einfach so ist, wie es ist?

Robin war uns viele Jahre eine treue Begleiterin. Leider waren ihre letzten Jahre geprägt von Krankheit und Demenz. Der Winter im Stall setzte ihr zu und so zeigte ich ihr im darauffolgenden Sommer unser Haus, um sie langsam einzugewöhnen und sie dann im nächsten Winter reinzuholen. Einer Stallkatze, die ihr Leben lang ihre Freiheit hatte, würde das sicher nicht leichtfallen. Robin brauchte nicht eingewöhnt zu werden. Sie betrat das Haus und verließ es nicht mehr freiwillig. Sie liebte das Sofa, die Wärme und unsere Nähe.

Doch ihr neues Glück sollte nicht lange währen. Sie bekam eine Ohrentzündung und vertrug das verordnete Medikament nicht. Erst verlor sie an Gewicht, dann wurde sie zunehmend verwirrter, gefolgt von Inkontinenz. Ich wollte eine Pflegestufe beantragen und meine Arbeitsstunden reduzieren, um meine pflegerischen Tätigkeiten bewältigen zu können, aber für Haustiere sei sie nicht zuständig, meinte unsere Krankenkasse.

Es ging irgendwie. Der Dreck war nicht schön, aber die Tatsache, dass sie uns oft nicht erkannte, war schmerzhaft. Sie rannte oft maunzend um unsere Kücheninsel herum und wusste nicht, wo sie war. Einige Male war es auch nicht nur die Kücheninsel, sondern z.B. das Nachbarsauto, wenn sie versehentlich das Haus verlassen hatte und draußen einen Demenzschub bekam.

Einmal hatten wir unseren Ferienhund Pandora zu Besuch. Sie kommt zu uns, wenn meine Freundin mit ihrer Familie in den Urlaub fährt. Es war bereits der dritte Tag mit Pandora, als Robin plötzlich und unerwartet von ihrem Platz aufsprang, wo sie bereits seit einiger Zeit in der Nähe der Hündin gelegen hatte, friedlich ruhend.

Mit aufgestellten Nackenhaaren und Buschelschwanz machte sie ein fürchterliches Geschrei. Sie starrte den Hund an, der sie drei Tage lang nicht die Bohne interessiert hatte. Sie sah ihn wohl gerade zum ersten Mal. Jetzt war nicht nur unsere Katze verwirrt, sondern auch die arme Pandora, die gar nicht wusste, wie ihr geschah.

Wir waren mit Robin dreimal beim Tierarzt, um sie einzuschläfern zu lassen, da sie sich kaum noch bewegen konnte und der Zeitpunkt gekommen zu sein schien. Dreimal brachten wir eine fidele Katze wieder mit nach Hause.

Auf dem Behandlungstisch in der Tierarztpraxis kroch sie jedes Mal neugierig aus ihrer Transportbox, streckte die Nase in die Höhe und zeigte sich sehr interessiert an ihrer Umgebung. Zweimal trauten wir uns gar nicht zu sagen, dass wir eigentlich zum Einschläfern gekommen waren. Sie bekam eine Vitaminspritze und dann ging es wieder nach Hause. Demenz hin oder her, ein bisschen Tierarztpraxisluft schien wieder Klarheit in ihr vernebeltes Gehirn zu bringen.

Es war klar, sie wollte noch nicht gehen. Aber woher sollte ich es denn wissen, wann der richtige Moment für sie gekommen ist? Körperliche Schwäche schien für sie kein Grund zu sein, gehen zu wollen. Nun quälte mich die Frage aller Fragen, vor der sich wohl viele Tierbesitzer fürchten:

Werde ich die richtige Entscheidung treffen? Wird es für sie der richtige Zeitpunkt sein? Oder werde ich mir für immer Vorwürfe machen, zu voreilig gehandelt zu haben?

Gerade zu dieser Zeit gewann ich bei einer netten Aktion, die Sonja sich mal wieder überlegt hatte, eine Online-Sprechstunde bei ihr. Ich konnte ihr also meine dringliche Frage stellen: „Will Robin noch nicht gehen oder kann sie noch nicht gehen? Oder stellt sich ihr diese Frage vielleicht gar nicht?"

Robins Präsenz, ihr starker Charakter und ihre Weisheit waren deutlich zu spüren. Ihre Botschaft sollte mir auch noch Jahre später, beim Altwerden und Sterben meines Pferdes, eine große Hilfe sein:

„Sorge dich nicht so viel und habe keine Angst davor, dass wir Tiere älter werden. Auch wenn wir Krankheiten haben, geht es uns gut. Tierkörper sind anders. Wir leiden nicht so sehr, auch wenn es uns augenscheinlich schlecht geht. Dies kann auch für euch eine neue Sichtweise sein."

Robin sagte auch, sie sei für uns die Verbindung zur Natur und wolle uns viel über die Lebensweise der Tiere lehren. So bereitete sie mich darauf vor, dass auch meine geliebte Stute Waldfee in ihren letzten Erdenjahren Schmerzen haben würde und dass ich mich dann an ihre Botschaft erinnern darf.

Ich hatte selbst einmal einen Kurs in Tierkommunikation absolviert, konnte das aber nie richtig in meinen Alltag integrieren, so sehr ich es mir auch wünschte. Daher war ich froh, dass Sonja diese Verbindung für mich aufgebaut hatte. Als es dann aber wirklich darum ging, unserer lieben Katze Robin einen Abschied in Würde zu dem für sie richtigen Zeitpunkt zu ermöglichen, zeigte sie sich doch, die innige Verbindung auf energetischer Ebene: Immer, wenn es wieder so weit zu sein schien, verband ich mich energetisch mit Robin und bat um eine Botschaft. Ich bekam Bilder, die mir deutlich zeigten, dass sie noch nicht gehen wollte:
Robin fing an zu schweben, aber etwas hielt sie fest. Eine Kraft zog sie hoch und eine andere hielt sie nahe am Boden. Sie schwebte zwischen Himmel und Erde und schaute dabei immer wieder zum Boden. Sie kämpfte gegen das Hochgezogen werden. Die ziehende Kraft ließ nach und Robins Pfötchen berührten wieder den Boden. Sie wollte noch bleiben.

Eines Tages sah unsere Katze aus wie ein Kaninchen. Ihre Hinterbeine waren riesig groß und breit, angeschwollen auf die Größe eines Kaninchenhinterlaufs. Wasseransammlungen, die ihr sehr zu schaffen machten. Ich verband mich wieder energetisch mit ihr mit derselben Frage wie immer: Möchtest du jetzt gehen?

Dieses Mal wurde Robin nicht gezogen, nein, sie sprang. Der Himmel öffnete sich und ein heller Lichtstrahl richtete sich auf unsere kleine Katze. Robin schaute nicht zu Boden, sie blickte hinauf in den Himmel, ihre Pfoten nach vorn gerichtet wie Supermann, der zu einem neuen Einsatz startet. Der Sonne entgegen. Sie sprang in den Lichtstrahl hinein, der sie sicher über die Regenbogenbrücke leitete. Alles war hell und fühlte sich leicht an. Voller Freude trat Robin ihre große Reise an.

Jetzt konnte ich mich von ihr verabschieden, hier und jetzt, nur wir zwei. Ich konnte weinen und alles rauslassen und die Dankbarkeit fühlen, die ich empfand, und mich bestens auf den Moment vorbereiten, wenn wir ihr helfen würden, dieses Erdenleben zu verlassen.

So war ich anschließend beim Tierarzt nicht traurig, sondern

voller Frieden und Dankbarkeit für ihr Sein.

Und das Wichtigste: Ich wusste, dass nicht ich diese Entscheidung für sie treffe, sondern dass ich sie nur für sie aussprechen musste, denn entschieden hatte sie es selbst. Jetzt war der richtige Moment für sie, diese Welt zu verlassen.

Die Bilder, die sie mir geschickt hatte, bleiben für immer vor meinem geistigen Auge, in meiner ganz privaten, geistigen Galerie. Solche Bilder vergisst man nicht.

Seitdem begleitet Robin mich bei meinen Tiergesprächen. Sie ist dann an meiner Seite, sitzt mit mir auf meinem imaginären Steg am See, und unterstützt mich, wenn Tiere sich erst nicht so gern öffnen möchten. Ihr vertrauen die meisten.

Was ist hinter der Regenbogen-brücke?

von Kirsten Jeude

Als ich vor einigen Jahren den Auftrag annahm, mit einem verstorbenen Tier zu kommunizieren, wusste ich noch nicht, welch wundervolle Möglichkeit sich daraus entwickeln würde. Damals wurde ich gebeten, mit dem verstorbenen Seelentier zu kommunizieren, um zu erfragen, ob er vielleicht zurückkommen möchte.

Der Verlust eines Tiers schmerzt auf eine ganz bestimmte Art und Weise. Die Verbindung, die man zu Lebzeiten zu ihm aufgebaut hat, die Liebe und Seelenverbindung, sind zu jedem Tier einzigartig. Jemand, der dies noch nicht erfahren hat, äußert sich dazu ja meist mit: „Ach, was stellst du dich an! Es war doch nur ein Tier".
Dennoch wünscht man sich nichts sehnlicher, als noch mehr Zeit mit seinem Tier verbringen zu können, oder eine persönliche Botschaft von ihm zu erhalten. All dies kann ein wenig über den Schmerz hinweghelfen.

Als ich damals mit diesem wunderbaren Wesen in Kontakt trat, fiel mir sofort seine ganz besondere Klarheit auf. Er sah anders aus als auf den Bildern, weiser und reifer. Dies ist mir einige Male bei Kommunikationen mit Wesen aufgefallen, die ihre Körper hier, in dieser Dimension, bereits verlassen hatten.

Er teilte mir mit, dass er sich freuen würde, noch einmal zu seinem Menschen zu dürfen, war er doch sehr jung verstorben, sodass er mit seiner Besitzerin nicht viel gemeinsame Zeit verbracht hatte. Dennoch war es, auch in der kurzen Zeit, eine sehr starke Verbindung, die beide zueinander hatten. So teilte er mir mit, dass es jetzt noch nicht an der Zeit sei. Beide mussten noch ein wenig in ihrer Entwicklung weitergehen. Er erzählte mir, dass er als Welpe oder Junghund in einem ähnlichen Körper kommen würde, und dass sein Mensch auf die Zeichen achten soll, wenn es soweit ist.

Für mich war der „Auftrag" somit eigentlich beendet. Ich hatte alles übermittelt, was zu sagen war.

Mitten in der Nacht wurde ich geweckt.

Du musst aufwachen, du musst aufwachen. Ich muss dir etwas zeigen, aber wir haben hier nicht so viel Zeit!

Hatte ich geträumt? Wer hat nicht so viel Zeit und was soll ich mir angucken?
So setzte ich mich auf, nahm meinen Schreibblock, der immer unter dem Bett liegt, und fing an, in die Energie zu spüren, die mich da geweckt hatte.

Es war dieses wunderbare Wesen und nun für mich ganz klar wahrzunehmen. Er war ein wenig aufgeregt und seine Augen hatten einen Ausdruck von Geheimnis und Vorfreude. (Diesen Ausdruck, den Eltern schon einmal bekommen, wenn sie ihren Kindern etwas Besonderes zeigen wollen. Das neue Kätzchen, das neue Fahrrad etc.)

Komm mit, und lass dich fallen. Du musst dich fallen lassen, sonst funktioniert es nicht!
„Wohin gehen wir denn?" fragte ich, da ich spürte, dass das, was kommen wird, etwas Einzigartiges sein wird.

Ich nehme dich mit, hinter die Regenbogenbrücke!!!

Die Ankunft

Ein wenig mulmig war mir schon, dennoch sagte ich, dass ich

bereit sei. Aber wer ist wirklich bereit, etwas sehen zu dürfen, was die meisten Menschen für ein Wunschmärchen halten? Ein Mythos, der dazu da ist, damit wir das Gefühl haben, unseren Verstorbenen geht es jetzt besser?

Ich versuche, das, was ich dort erleben und sehen durfte, einmal in Sprache umzusetzen. Denn dieser Ort besteht aus Energien, welche unendlich sind.

All das, was aus unserer Vorstellungskraft gewachsen ist; all das, was aus unseren Wünschen, aber auch Ängsten, gewachsen ist, ist dort. Ich versuche dir meine Eindrücke, Gedanken und das, was ich erfahren durfte, zu beschreiben.

Als wir dort ankamen, fiel mir auf, dass alles eine andere Dimension hatte. Zeit und Raum sind hier nicht vorhanden.
Nichts hatte einen festen Platz und alles schien sich ständig zu verändern.
Wir standen (oder schwebten?) auf einer Anhöhe, sodass ich das bunte Treiben ein wenig beobachten konnte.

„Was machen all die Tiere dort in dem abgetrennten Bereich?", fragte ich neugierig.
Dort war ein großes Areal, größer als 1000 Fußballplätze, an dem die Tiere jeglicher Art auf etwas zu warten schienen.

Das ist der Ort, an dem die Tiere ankommen. So wie ein Bahnhof.

Jetzt fiel mir auch auf, dass einige „abgeholt" wurden, einige kamen alleine und wieder andere schauten suchend. Es hatte wirklich etwas von einem Bahnhof. Sie wurden dort begrüßt und empfangen.

„Wo kommen die Tiere alle danach hin?"

Sie werden gefragt, ob sie weiterziehen möchten, ob sie zurückgehen oder ob sie ihren Energiekörper zur Verfügung stel-

len möchten, für die, die zurückwollen.
Denn die, die in die Unendlichkeit gehen, können eigentlich nicht zurück. Wenn sie sich dennoch eines Tages dafür entscheiden, brauchen sie einen energetischen Körper, in den sie eintreten können.
Manche von denen, die du dort siehst, bleiben auch noch ein Weilchen hier, um ihren Menschen noch ein wenig nahe zu sein und um sie zu beobachten. Sie suchen sich dort den Ort aus, an den sie wollen.

Es gab einen Bereich, an dem unzählig viele Tiere waren, die ihre Hinterbliebenen noch nicht verlassen wollten oder konnten.

Es war eine Art Zwischenstation, an dem die Seelen entscheiden konnten, ob sie sich eine Welt hier aussuchen, oder ob sie auf einen Körper warten, um in neuer Form zurückzugehen. Zurück zu „ihrem" Menschen oder sich eine neue Herausforderung aussuchen.

Einige der Wesen hatten keine Körper. Sie waren einfach anwesend, in ihrer friedvollen Energie.

„Warum kann ich nicht alle sehen, weiß aber, dass sie da sind? Ich sehe sie wie einen hellen, verschwommenen Schatten", fragte ich.

Das sind die Tiere, die keinen Menschen um sich hatten. Es gibt keine Bilder und Fotos von ihnen, und so wurden sie nicht manifestiert! Du siehst nur ihren Kern! Das, was wir eigentlich sind - Energiewesen.

Die Größendimension dieser Welt ist in menschlichen Worten einfach nicht zu beschreiben. Ein wenig erinnerte mich einiges an einen Trickfilm, in dem Welten zu schweben scheinen (*Drachenzähmen leicht gemacht*) oder *Avatar*, nur sehr viel größer, schier unendlich.

Diese sogenannte Wartezone ist unendlich groß; sie hat alles, was du dir je vorstellen kannst: Wälder, Flüsse, Meere ... Es ist unvorstellbar groß, und dennoch auch so klein.

Nichts ist dort für ewig, obwohl es nach unserer Denkweise die Ewigkeit ist.

Die „Brücke" ist die Verbindung zu dieser Welt. Viele der alten Völker haben immer noch ein Wissen über diese Verbindung und bleiben in Kontakt mit ihren Ahnen und Seelentieren.

Tiere, die geliebt und „über die Regenbogenbrücke" begleitet wurden, bleiben auf immer in dieser Verbindung.

Der Regenbogen wurde von Menschen, die diese Verbindung in alten Zeiten noch kannten, als Symbol erschaffen, um diese Verbindung niemals zu vergessen.
Es ist ein Verbindungskanal zu den Welten.

Die begleiteten Tiere, all die, die eine Verbindung zu ihrem Menschen haben, ziehen weiter, indem sie sich hier eine Form des Seins aussuchen.

Viele von ihnen suchen sich wieder eine Familie, in der sie fortan bleiben, denn die Dimension der Menschenseelen ist mit ihrer Dimension verbunden und vermischt.

Es gibt hier kein Hier oder Dort und dennoch ist alles strukturiert getrennt. Egal, wo sie sich auch befinden; sie bleiben immer in Verbindung zu ihren Menschen.

Sie spüren, wenn du an sie denkst, sie spüren deine Gedanken; denn auch diese Welt ist mit unserer verknüpft. Sie senden ihren Menschen oftmals Zeichen, dass sie bei ihnen sind.

Das kann die Melodie eines Vogels sein, ein Geruch, eine Feder, die du findest. Du musst nur diese Zeichen erkennen, bzw. wahrnehmen und annehmen.

Er erklärte mir, dass die älteren Seelen meist eine Aufgabe für eine gewisse Zeit übernehmen. Diese Zeit ist nicht festgelegt, sondern, wenn die Seele etwas anderes machen möchte, kommt einfach ein Ersatz und übernimmt diese Aufgabe.

Zu den Aufgaben gehört z.B., all die Neuankömmlinge, besonders die jungen und unerfahrenen Seelen, in Empfang zu nehmen und ihnen einer Ort der Stille zuzuteilen, damit sie sich ausruhen können und in dieser Zeit entscheiden können, was sie tun möchten.

Das, was wir in Zeit berechnen, hat hier keine Gültigkeit. Es ist also auch möglich, dass ein Tier nach unserer Auffassung nur 1 Sekunde dort verweilt; ein anderes Jahre oder Jahrzehnte.

Wir brachen auf, denn ich wollte die Welten sehen. Wenn all dies „nur" der Ankunftsbereich war, was gab es dann noch zu entdecken?

Die Welten

Früher, zu ganz alten Zeiten, war es für die Menschen nichts Ungewöhnliches, mit dieser Welt zu kommunizieren. Die Urvölker taten es, indem sie sich in Trance mit dieser Welt verbanden.

Sie konnten ihre Schutztiere herbeirufen und sich verbinden. Es war nichts Ungewöhnliches. Als diese Möglichkeit durch die Industrialisierung enger wurde, erschufen die Menschen sich eine „Brücke", um diesen Zugang nicht zu vergessen oder zu verlieren (was aber geschehen ist).

Es wird über die mitleidig gelächelt, die noch an diese Welten glauben; auch wenn sie den Zugang dazu verloren haben.

Dir eine Welt zu beschreiben, die nicht zu beschreiben ist, fällt mir schwerer, als mir vor dem Aufschreiben bewusst war.

All das, was ich gesehen habe, habe ich nicht mit meinen Augen gesehen, sondern mit meiner Energiequelle. Ich kann nur in Worte fassen, was mein und dein Hirn bereits kennen.

Auch wenn ich einiges „gesehen" habe, was ich nicht beschreiben kann, da es keine Worte oder Erfahrungen dazu gibt. Wie beschreibt man Energie? Alles hier und dort ist Energie. Nur, dass sie sich in unserer Dimension in Materie gebündelt hat.

Wenn wir manchmal sagen: „Tier XY ist jetzt bestimmt bei Oma", dann trifft es das ziemlich genau. Denn die Dimension der verstorbenen Menschen ist in Verbindung mit der Dimension der verstorbenen Tiere.

So kann es also gut sein, dass ein Tier sich aussucht, zu einem Menschen zu gehen und fortan mit ihm dort sein Dasein zu verbringen.

Tiere gehen sehr oft auch zu ihren, vor ihnen verstorbenen Menschen, und verbringen dort gemeinsame Zeit. Das bedeutet nicht, dass das immer für IMMER sein muss, denn auch dort kann sich jeder jederzeit umentscheiden, auch einmal eine neue Erfahrung zu machen.

Die verschiedenen Welten/Dimensionen scheinen zu schweben. Sie sind wie durch Brücken (weitere Regenbogen?) miteinander verbunden, sodass man einfach von der einen Welt in die nächste gelangt.
Auch wenn die einzelnen Welten unendlich groß sind, ist al es

mit einem Wimpernschlag zu erreichen.

Was ich besonders spannend fand, ist, dass alles miteinander vermischt ist. Es gibt keine Regeln und dennoch ist alles geregelt. Alle Wesen, ob Mensch, Tier oder was auch immer, sind verbunden. Manche haben einen Körper, manche sind nur in ihrer Energieform wahrnehmbar, und trotzdem gibt es keine Unterschiede.

Wie lange war ich selbst jetzt bereits hier an diesem Ort? Für einen kurzen Moment musste ich daran denken, wie ich wohl wieder zurückkäme, und ein wenig Panik kam in mir auf.
War ich vielleicht selbst gestorben und wurde herumgeführt, um mir meine Welt auszusuchen?

HÖR AUF ZU DENKEN! DU MUSST DICH FALLEN LASSEN! - tönte es in meinem Ohr. Und plötzlich war ich wieder ruhig und bei mir.

Lass uns aufbrechen!

„Was zeigst du mir jetzt? Ich dachte, ich habe alles gesehen?"

Ich zeige dir den Ort, an dem es zurück geht!

Die Rückkehr

Wir kamen an einen ähnlichen Ort, wie bei meiner Ankunft. Es herrschte reges Treiben und dennoch strahlte dieser Ort eine besondere Ruhe und Frieden aus.
Überall waren Tiere, die paarweise oder einzeln wieder auf etwas warteten.
Von überall und aus allen Richtungen kamen sie her. In einem Bereich sah es so aus, als würden sie sich anmelden, denn ein Wesen stellte ihnen Fragen und schaute in eine Art Liste. Er blät-

terte darin herum und schien ihnen, wenn er gefunden hatte, was er suchte, eine Richtung zu zeigen.

Schnell fanden sich die, die sich gesucht hatten, und gingen gemeinsam weiter.

Das, was du da siehst, ist der Weg in die materielle Dimension. Manche von ihnen, die keinen Körper haben, teilen sich diesen mit einer neuen oder jungen Seele.
Sie teilen sich einen Körper entweder, bis sie ihn gemeinsam wieder verlassen, oder aber, die junge Energie lernt eine Weile in diesem Körper und verlässt ihn dann und kommt zurück, um in einem anderen Körper weiterzulernen.
Die Energien, die mit diesen Jungen und Unerfahrenen reisen, sind ihre Mentoren, sodass sie sich später dauerhaft für einen Körper entscheiden können.
Sie sammeln so Erfahrungen; wie es z.B. ist, auf der Straße geboren zu werden oder eine bestimmte Krankheit zu haben, gehasst oder geliebt zu werden oder einfach den Körper einer bestimmten Rasse ausprobieren.
Das bedeutet, dass manche Tiere in der materiellen Dimension mehrere Seelenanteile tragen, sodass manchmal die eine oder andere mehr überwiegen kann.

Sie können unerkannt oder erkannt wiederkehren. Manche Tiere möchten nicht, dass ihre Menschen sie erkennen, da sie eine neue Aufgabe für sie haben. Andere wiederum geben sich offen zu erkennen.
Alle haben aber eines gemeinsam: Sie senden ein Zeichen, sodass es immer eine Wahl bleibt, erkannt zu werden.
Die Zeichen, die sie senden, sind oftmals kaum erkennbar. Manchmal ist es nur ein besonderer Blick, eine Krankheit, ein bestimmter Geruch, eine Angewohnheit oder Tick. Manche senden nur Gedanken, an die Zeit davor.
Federn, die ihre Menschen plötzlich finden, sind nicht immer Zeichen, dass Engel anwesend sind, sondern kommen oft von ihnen.

Manchmal senden sie Krafttiere, die ihre Ankunft bestätigen oder ankündigen. Also Tiere, die ihren Menschen immer wieder begegnen, in welcher Form auch immer.
Manchmal, wenn die Menschen wissen, dass sie zurückkommen, kann es sein, dass sie ihnen einen Impuls senden, dass es soweit ist. Sie kündigen sich meistens an.

„Was ist mit denen, die sich keinen Körper teilen, sondern direkt in ihre Familien kommen?"

Sie suchen sich die Menschen aus, zu denen sie kommen wollen.

„Kommt es vor, dass sie sich umentscheiden oder sie irrtümlich woanders ankommen?"

Ohhh ja, Menschen sind unberechenbar und unzuverlässig. In diesen Fällen kann es geschehen, dass sie weglaufen und nicht wiederkommen.
Entweder sie verlassen diesen Körper wieder, indem sie z.B. vor ein Auto laufen, die materielle Welt verlassen und in einem neuen Körper wiederkommen; oder sie suchen sich eine Alternative.
Die Tiere, die bei euch oft in den Tierheimen zu finden sind, sind meist Tiere, die sich umentschieden haben und sich dort einen neuen Menschen aussuchen.

Mir wurde bewusst, wie wenig wir mit dem Verstand überhaupt begreifen können. Unser Verstand ist das, was all das nicht zulassen kann. Er gibt uns tausend Gründe, warum dies oder das nicht SEIN kann!
Es gibt tausend rationelle Erklärungen dafür, dass all dies Fantasie ist, aber nur ein paar wenige, die es zulassen, dass alles, was ich „gesehen" habe, möglich ist.

Ich saß immer noch im Bett, mit dem Block auf den Knien, hatte aber kein einziges Wort aufgeschrieben.

Warum und wie ich wieder im Hier war, kann ich dir nicht erklären, denn ich weiß nicht, wie ich zurück in diese schwere Welt gekommen bin.

Sofort begann mein Verstand ziemlich zuverlässig, all dies als Traum abzustempeln.

Eines kann ich dir allerdings mit auf deinen Weg geben: In all meinen Gesprächen mit Tieren, die bereits diese Welt verlassen haben, gab es immer wieder dieselben Aussagen, Gefühle, Empfindungen und Bilder, die mir übermittelt wurden.

Ein Kater, der unerkannt wieder gekommen ist, wurde allerdings von den Kindern des Menschen erkannt, denn Kinder sehen mehr mit ihrem Herzen als Erwachsene, denen man dies abtrainiert hat.

Eine Hündin, die ganz klar in einer Kommunikation mitgeteilt hat, was ihr Mensch zu tun hat, ist mittlerweile wieder in ihrem Rudel.

Alle Hunde in diesem Rudel haben sie erkannt und haben ihr, mit ihrer neuen Aufgabe, ihren Raum gegeben. Das, was mir ihr Mensch dazu erzählt, bestätigt, dass Tiere ihre Menschen wählen können.

Wenn auch du ein Tier vermisst, weil es bereits über die Regenbogenbrücke gegangen ist, sei nicht traurig. Ich weiß, wie schwer das ist, denn wir Menschen haben nun einmal die Emotion Trauer mit Schmerz gleichgesetzt.

Trauer muss aber nicht immer gleich Schmerz bedeuten, wenn dir bewusst wird, dass du, nachdem dein Tier seinen Körper verlassen hat, immer eine Verbindung zu ihm hast.

Dein Tier sendet dir vielleicht bereits Zeichen, die von dir wahrgenommen werden wollen.

Verweile nicht in Trauer des Vergangenen, sondern öffne dich im Jetzt für Größeres in der Zukunft.

Wenn du ein Tier begleitet hast, habe kein schlechtes Gewissen, wenn du plötzlich den Wunsch nach einem neuen Tier verspürst. Ein Wunsch ist auch immer ein Impuls... und wer weiß, wer diesen gesendet hat?

Wenn ein Tier, das du betreut hast, wegläuft, habe kein schlechtes Gewissen, denn es kann sein, dass es eigentlich einen anderen Ort gewählt hat.

Sei dir darüber klar, dass das, was du wahrnimmst, auch wahr ist.
Sei dir jedoch auch darüber bewusst, dass dein Seelentier, wenn es wieder bei dir ist, niemals dasselbe sein wird, wie das, was es in der Vergangenheit war. Ihr seid weiter und größer als zuvor.

Vergleiche nicht das Tier, das jetzt bei dir ist, mit dem, das gegangen ist (Wer möchte schon gerne mit der/dem Ex verglichen werden?), sondern erkenne euren neuen, gemeinsamen Weg mit unendlich neuen Möglichkeiten!

In Memoriam an all die, mit denen ich in der anderen Welt kommunizieren durfte.

In Memoriam an die, die darauf warten, erkannt zu werden.

Wie Tiere dich lehren, selbst der/die Expert/in für dein Tier zu werden

von Kerstin Michels

Waldfee, Herzenspferd und weise Lehrerin

Komm, mein Herz, wir gehen da gemeinsam durch. Mal genst du vor, mal schau ich nach, du tust es für mich und ich für dich. Zusammen ewiglich, im Herzen vereint, wir zwei.

„Ich habe ein Fohlen gekauft." Meine Eltern waren eigentlich nur zu einem Sonntagsausflug durch die Gegend gefahren. Ich weiß bis heute nicht, wo mein Vater Waldfee entdeckt hatte.

Mein Vater fackelt nicht lange, wenn sich eine Gelegenheit bietet. Die staksige, rotbraune Gelegenheit auf vier Hufen war gerade mal 4 Monate alt.

Zurückblickend muss ich sagen, dass unsere Bedingungen für ein Fohlen nicht sehr rosig waren. Stall, Weide und Pferdegesellschaft gab es natürlich, aber Spielkameraden? Fehlanzeige. Waldfees missglückter Start in ihr neues Pferdeleben prägte einen großen Teil unserer gemeinsamen Jahre:

Mit Mutter gebracht, Mutter genommen, nicht freundlich aufgenommen, gemieden, gejagt, geduldet vielleicht. Ein egozentrischer Wallach, der seine Ruhe haben wollte und eine junge Stute, die keine Lust auf ein Fohlen hatte, waren ihre kleine Herde.

Wenige Tage nach ihrer Ankunft legte sie sich in ihrer Box fest und Panik, Angst und Misstrauen waren ihr endgültig bis ns

Mark gebrannt.[2] Dabei war sie der Sonnenschein auf dem Züchterhof gewesen. Das Fohlen, das frei herumlaufen durfte und mit dem Hofhund und den Kindern fangen spielte. Alles falsch gemacht? Vielleicht.

Ja, es hätte anders laufen sollen, aber wenn es nicht so läuft, wie es sollte, gibt es Gründe dafür. Ja, wenn ich damals gewusst hätte, was ich heute weiß, wäre es anders gelaufen. Ja, wenn, wenn, wenn ....
Stopp! Wem helfen Selbstvorwürfe? Was hat Waldfee davon, wenn ich mir nicht verzeihen kann, Fehler gemacht zu haben?

Ich durfte lernen, viel lernen.
Erstmal durfte ich erkennen lernen.
Dann durfte ich verzeihen lernen.
Dann durfte ich lieben lernen.
Dann durfte ich neue Wege kennen lernen.
Dann durfte ich nach vorne schauen lernen.
Dann durfte ich über mich hinauswachsen lernen.
Dann durfte ich mit Sonja Neuroth die Leichtigkeit kennenlernen und die Frage: „Was wäre, wenn es gar nicht so ist, wie du denkst? Ist es wirklich wahr, dass du alles falsch gemacht hast?"
Ich lernte, mit allem, was war, in Frieden zu kommen und eine echte Beziehung zu meinem Pferd aufzubauen - in einer Tiefe, die ich nie für möglich gehalten hätte. Ich lernte die Tierkommunikation kennen und damit die unglaubliche Möglichkeit, in einen

---

[2]*Verbindung mit Waldfee am 07.04.2017:*
Ich sehe Waldfee als Fohlen. Sie möchte von mir wahrgenommen werden, möchte, dass ich ihr zusehe, wie sie tobt. Ich sitze auf einer Picknickdecke mitten auf einer großen Wiese und Waldfee tobt als Fohlen fröhlich um mich herum. Sie schaut mich immer wieder auffordernd an, ich sehe ihr zu und lächle.

Plötzlich wird es dunkel und ich sehe sie in unserem Stall, ängstlich, hilflos, in ihrer fremden Box mit anderen, fremdem Pferden. Der fremde Wallach hat sie gejagt. Sie hatte große Angst.

direkten Kontakt mit meinen Tieren zu treten. Die erste Botschaft von Waldfee, die ich damals in den Händen hielt, war atemberaubend. Liebe pur. Wie konnte das sein? Ich hatte doch so viel falsch gemacht, warum hasste sie mich nicht?

Unsere Tiere sind nicht bei uns, um uns zu hassen. Sie sind hier, um uns zu unterstützen, uns hier und da die Augen zu öffnen und den Weg der Liebe zu zeigen.
Waldfee trug ein großes weißes Herz auf ihrer Stirn. Nicht zufällig.

Die Erkenntnis, dass man ein Pferd nicht in eine Box einsperren sollte

Waldfee brauchte ihre Freiheit, viel Freiheit. Wenn es eng wurde um sie herum, wurde es eng in ihr drin. Das ertrug sie nicht. Erst war es eine kleine Angstflamme ganz tief in ihrem Innern und ein paar Sekunden später war es ein mächtiges Lauffeuer aus lodernden Panik-Flammen. An diesem Feuer habe ich mich oft verbrannt. Sie konnte nichts dafür, sie konnte es nicht steuern. Es war meine Aufgabe, diese kleine Angstflamme wahrzunehmen und sie daran zu hindern, groß zu werden.

Wie so vieles, Waldfee betreffend, habe ich lange gebraucht, das zu erkennen.
Als sie 3 ½ war, sollte sie eingeritten werden. Macht man so. Zunächst kam jemand zu uns nach Hause. Dann kam der Winter - und mit ihm die Einsicht, dass eine andere Lösung gefunden werden musste. So stellte ich mein junges, freiheitsliebendes Pferd, das bis dahin auf der Wiese groß geworden war, in einen Reitstall. Waldfee war gut genährt, denn sie liebte es, zu fressen. Sie fraß und wuchs und fraß und baute Muskeln auf. Als sie in dem Reitstall stand, baute sie nur noch ab.
Ich schleppte ran, was dick macht, aber mein Pferd wurde immer weniger. Trotz Mais, trotz Training, trotz Muskelaufbaumaßnahmen. Ich musste abends in den Stall fahren, um sie zu putzen

und ihr für den nächsten Tag das Halfter anzulegen, denn das ließ sie sich von der Bereiterin nicht gefallen. Außer mir durfte sie niemand anfassen.

Aus persönlichen Gründen bat uns die Bereiterin, den Reitstall zu wechseln. Waldfee baute noch mehr ab und entwickelte einen hartnäckigen Husten. Kein Pülverchen, kein Kräuterli, kein Tierarzt konnte helfen. Nun konnte die Bereiterin auch nicht mehr viel mit ihr trainieren.

Mittlerweile kündigte sich der Frühling an und ich konnte es riskieren, sie trotz ihres dünnen Fells nach Hause zu holen. Was soll ich sagen? Es dauerte keine 8 Tage, da kehrte das Leben in mein Pferd zurück und der Husten war Geschichte.

Das war der Zeitpunkt, als ich mir schwor, nie wieder eins meiner Pferde in eine Reithallenbox einzusperren. Seit diesem Winter vor 25 Jahren stand Waldfee nie wieder woanders als hier bei uns, zu Hause.

Werde zum Experten für dein Tier!

Wie oft verstehen wir das Verhalten unserer Tiere nicht? Wie oft sagt man uns, wir müssten nur streng genug sein, uns durchsetzen, zeigen, wer der Herr ist? Da muss man sein Tier auch schon mal schlagen, sonst wird das nichts. Ich habe in meiner Kindheit in der Reithalle schlimme Szenen gesehen, ziemlich schlimme.

Ich verstand das nicht. Aber ich glaubte den Erwachsenen. Sie mussten es doch wissen. Pferde sind so stark. „Du musst ihnen zeigen, dass du stärker bist, sonst hast du verloren." Die Sporen noch länger, das Gebiss noch schärfer, die Gerte noch härter ... da gab es nach oben fast keine Grenzen. Menschen, die so denken, reden und handeln, hören das Schreien der Pferde nicht. Denn Pferde schreien stumm. Das hören nur die Menschen, die mit dem Herzen hinhören und hinsehen.

Pferde leiden auch stumm. Waldfee litt stumm, wenn wir ausritten. Der Sattel passte nicht. Natürlich hatte sie versucht, mir das zu sagen, aber ich habe es nicht verstanden. Der Sattel war schließlich angepasst. Von einer Fachfrau. Und bestätigt von einem anderen Fachmann. Viel Geld hat mich das gekostet. Wenn die sagen, er passt, dann passt er auch! Heute weiß ich, dass es nur eine wirkliche Fachfrau für mein Pferd gibt, und das bin ich.

Nach vielen, leidvollen Erfahrungen dieser Art wollte ich unabhängig sein von Sattlern, Hufschmieden und Therapeuten und machte mich auf den Weg, ganz viel zu lernen über all diese Dinge. Es ist gut, dass es diese Fachleute gibt und es ist oft sinnvoll oder notwendig, einen Arzt oder Therapeuten hinzuzuziehen. Dann sollte man das auf jeden Fall tun.

Hat man sich aber selbst zum Experten für sein Tier gemacht, so kann man deren Einschätzungen, Diagnosen und Handlungsvorschläge besser einordnen und gemeinsam den passenden Behandlungsplan für sein Tier ausarbeiten.
Mir sagt kein Tierarzt mehr, was zu tun ist und legt einfach los. Jeder merkt gleich, dass ich da mitreden möchte und meine eigenen Vorschläge einbringe. Gemeinsam finden wir dann den passenden Weg für mein Tier.

Viele Erlebnisse auf diesem Weg hin zum Experten für mein Tier habe ich noch gut in Erinnerung. Die meisten waren traurig, aber es gab auch einige Szenen zum Schmunzeln.

Waldfee war alles andere als menschenbezogen. Menschen an sich machten ihr Angst, sie traute niemandem. Fremde Menschen waren in ihren Augen eine große Gefahr.
Ich sagte immer scherzhaft: „Mein Pferd klaut mir niemand!", denn niemand hätte es geschafft, sie aufzuhalftern und wegzuführen.

Einmal sollte sie während ihrer Zeit als Berittpferd eine Impfung bekommen. Der Termin wurde ohne mich gemacht und ich hatte keine Zeit. „Macht ja nichts", meinte der Stallbesitzer selbstsicher, „wir können dein Pferd auch ohne dich impfen."

Als ich abends kam, waren alle Pferde geimpft, nur meins nicht. Waldfee hatte ihren breiten Pferdehintern Richtung Boxentür gedreht und niemand hatte es gewagt, ihre Box zu betreten. Überhaupt hatte Waldfee nicht nur etwas gegen fremde Menschen im Allgemeinen, sondern gegen Tierärzte im Besonderen. Dazu gibt es eine schöne Anekdote:

Wie Waldfee einmal dem Tierarzt die Hose auszog

Waldfee hatte Probleme mit einem Huf und ich musste bei unserer Tierarztpraxis anrufen. Da es eine Gemeinschaftspraxis war, wusste man nie, wer kommt. Es kam eine junge, sehr übereifrige Tierärztin, die mir nicht zuhörte und sich ihrer Diagnose schon sicher war, bevor sie überhaupt angefangen hatte, mein Pferd zu untersuchen. Aber dazu später mehr. Sie tippte jedenfalls auf ein Hufgeschwür und es wurden entsprechende Maßnahmen ergriffen. Sie schnitzte viel am Huf herum und legte anschließend einen großen Verband an, in den ich dann Tage lang eine Lösung gießen sollte.

Eine Woche später kam ein Kollege besagter Tierärztin unangemeldet vorbei und meinte, er sei gerade in der Nähe und wolle sich einmal das Bein meines Pferdes ansehen.

Ich erklärte ihm, das sei jetzt ungünstig, da ich die Pferde gerade auf die Wiese gelassen hätte und Waldfee auch kein Halfter trug. Er könne sich das Bein wohl auch auf der Wiese ansehen, meinte der Tierarzt verwundert. Mein Bauchgefühl sagte mir, dass das keine gute Idee sei.

Wir gingen also zu meinem Pferd, das uns mit angelegten Ohren und einem sehr eindeutigen Blick entgegensah. Der Tierarzt übersah Waldfees eindeutige Warnung. Nichtsahnend ging er auf sie zu und wollte ihr Bein anfassen. - Das Bein flog, erwischte den Hosenbund des Tierarztes, verhedderte sich in seinem Gürtel und weg war sie, die Hose! Und Waldfee auch.

Etwas fassungs- und sprachlos sah der Tierarzt mich an. Meine Worte: „Ich hab's ja gesagt – keine gute Idee", fand er wohl nicht sehr tröstlich. Dennoch waren wir natürlich beide froh, dass es nur seine Hose erwischt hatte. Das hätte schließlich auch anders ausgehen können. Unangemeldet kam er bei uns nie wieder vorbei.

Als Expertin für mein Pferd wusste ich, dass es kein Hufgeschwür war, das für Waldfees Schmerzen verantwortlich war. Ich wusste es einfach. Und ich hatte einen Verdächtigen. Ein paar Tage vorher war etwas vorgefallen, das ich damit in Verbindung brachte. Leider erinnere ich mich nicht mehr daran, was es war.

Aber ich erinnere mich noch sehr genau daran, dass mir die junge Tierärztin nicht zuhörte. Sie war so sicher mit ihrem Hufgeschwür, dass es sie nicht interessierte, was mir mein Bauchgefühl sagte. Nach der Aktion mit dem Kollegen kam sie einige Tage später noch einmal zur Kontrolle. Der Verband wurde abgenommen und, oh Wunder, da war ja gar kein Hufgeschwür. Nun ja, dann muss es wohl etwas anderes gewesen sein. *Ja, dachte ich mir, und ich weiß auch was.*

Als ich ihr meinen Verdacht schilderte, gab sie kleinlaut zu, dass ich wohl richtig gelegen hätte mit meiner Vermutung. Als krönenden Abschluss der Aktion erhielt ich dann eine ziemlich hohe Rechnung, über die ich mich ziemlich arg ärgerte. Vielleicht erinnere ich mich auch deshalb noch so genau an dieses Ereignis.
Einmal mehr nahm ich mir vor, noch häufiger ohne Tierarzt auszukommen.

Natürlich gibt es auch andere Tierärzte. Menschen, die zuhören; die wissen möchten, was der Besitzer über sein Tier denkt; die sich die Zeit nehmen, sich ein umfassendes Bild zu machen und die nicht mit vorschnellen Diagnosen und falschen Therapien über die Tiere herfallen.

Glücklicherweise durfte ich so eine Tierärztin kennenlernen.

Ich suchte damals nach einer Huforthopädin, als Waldfee einen schlimmen Hufspalt hatte, bei dessen Behandlung Hufschmied und Tierarzt nach vielen erfolglosen Unternehmungen sehr ratlos waren.

Ich fand Bianka im Internet. Bianka rettete Waldfee damals das Leben. Und Bianka war es auch, die Waldfee auf ihrem letzten Weg begleitete. In den vielen Jahren dazwischen war sie immer eine gute Beraterin in Sachen Hufe und Pferdegesundheit.

Für Bianka ergab sich nie die Notwendigkeit, sich bewusst mit Tierkommunikation zu beschäftigen, denn es war für sie immer selbstverständlich, das Tier und auch den Besitzer mit einzubeziehen. „Niemand spürt besser, was das Tier braucht, als der eigene Besitzer, der sein Tier jeden Tag sieht", war ihre Devise.

„Jeder, der eine enge Verbindung mit seinem Tier lebt, spürt, was los ist, wenn es dem Tier nicht gut geht. Das können für mich wichtige Hinweise für Diagnose und Therapie sein." Bianka schenkte Waldfee tatsächlich ihr Vertrauen. Andere Tierärzte hatten es immer schwer bei ihr.

Wie gut kennst du dein Tier? Wie sieht es aus, wenn es ihm gut geht? Welcher Ausdruck liegt dann in seinen Augen?

Wie bewegt es sich, wie verhält es sich, was strahlt es aus?

Nimm dir immer mal wieder die Zeit, ein paar bewusste Augenblicke mit deinem Tier zu verbringen. Beobachte es. Fühl dich mal ein.

Spürst du eure Verbindung? Huscht ein Lächeln über deine Lippen, wenn du das machst? Spürst du ein Kribbeln im Bauch und ein warmes Gefühl in deinem Herzen?

So fühlt es sich an, wenn du mit deinem Tier verbunden bist. Genieße es. Je häufiger du bewusst mit deinem Tier zusammen bist, desto sicherer merkst du, wenn etwas nicht stimmt. Und wahrscheinlich hast du auch direkt eine Vermutung, eine Idee, was los sein könnte.

Dann weißt du auch, was deinem Tier helfen kann oder welche Maßnahmen zu ergreifen sind, um ihm zu helfen. Dann wirst du die richtige Entscheidung treffen.

Über den Tod hinaus, in Liebe verbunden - Wie Tiere uns Leichtigkeit vermitteln, auch (oder gerade) beim Umgang mit dem Thema Sterben

Der schmerzliche Gedanke, dass Waldfee eines Tages diese Welt verlassen würde, überfiel mich regelmäßig, unerwartet und heftig. Es brauchte dafür keinen konkreten Anlass. Plötzlich war er da, der Gedanke, und er kam nie allein.

Er brachte immer seinen Mitspieler mit, das dazugehörige, sehr schmerzhafte Gefühl von Trauer, Hilflosigkeit und Entsetzen. Natürlich war ich mit diesem Problem nicht allein, das war mir klar. Es gibt Menschen, die verzichten aus Angst vor dem Verlust ihres geliebten Tierfreundes lieber ganz darauf, ein Tier in ihr Leben zu lassen.

Das wäre für mich keine Option. Ein Leben ohne Tiere – unvorstellbar. Es muss also eine andere Lösung geben, und die gibt es. Waldfee und Robin haben sie mir gezeigt: Was wäre, wenn auch der Abschied leicht gehen darf?

Wenn wir verstehen dürfen, dass Tiere eine andere Sichtweise auf das Altwerden und den Tod haben, als wir Menschen? Was wäre, wenn wir daraus das Vertrauen nehmen können, dass wir unseren Abschied gemeinsam würdevoll gestalten können? Unsere Katze Robin hat mir gezeigt, welches Gespür Tiere für den richtigen Moment haben und wie sie es ihren Menschen mitteilen können, wenn diese sich für eine Kommunikation auf Gefühlsebene öffnen.

Waldfee hat mich jahrelang darauf vorbereitet, dass sie eines Tages gehen wird. Es war ihr so wichtig, dass sie von sich aus dieses Thema immer mal wieder ansprach, wenn sich eine Gelegenheit dafür bot. Ich erinnere mich noch gut an eine Online-

Sprechstunde bei Sonja, bei der ich ein paar Fragen zu Waldfee stellen durfte.

Wir hatten noch gar nicht richtig angefangen, da fragte Waldfee plötzlich, wie viel Gelassenheit ich mit dem Gedanken hätte, sie gehen zu lassen. Da war es wieder, dieses Thema. Tiere können so direkt sein. Wir sind der Frage nicht weiter nachgegangen, es reichte der Impuls, den sie damit gesetzt hatte.

Dieser arbeitete noch lange in mir weiter, durfte reifen, und ließ mich dranbleiben, mich diesem herausfordernden Gedanken zu stellen. Es dauerte glücklicherweise noch ein paar Jahre, bis es wirklich ernst wurde. In der Zwischenzeit schickte mir Waldfee Botschaften wie diese:

„Ich fürchte mich nicht. Zu sterben ist nicht schlimm. Ich werde immer bei dir sein. Das Leben auf Erden kann ja mitunter auch ganz beschwerlich sein. Aber wenn man sich gut fühlt, ist es doch ganz schön." Wir beschließen, dass sie noch ein paar Jahre bei mir bleibt, hier auf Erden. „Ja, das gefällt mir, das machen wir so." ☺ (Waldfee über ihre Einstellung zum Tod am 03.01.2019)

Waldfees Erdenleben sollte tatsächlich noch sehr beschwerlich werden. Mit 27 wollte ihr Körper nicht mehr so, wie wir es gern gesehen hätten. Starke Schmerzen in Hüfte und Knien schränkten Waldfees Bewegungen immer mehr ein. Jeder Schritt wurde beschwerlich und sie schien genau abzuwägen, ob er wirklich nötig war. Es war nicht schön, sie so zu sehen. An einem Tag im August hatten wir wieder einmal einen Termin mit Bianka zum Hufe bearbeiten.

Bevor ich Waldfee holte, bat ich sie, sich ihren Gang einmal anzusehen. Sie hatte es eh schon gesehen. Sie schaute mich an und bevor sie etwas sagen konnte, schoss mir ein heftiger Stich ins Herz. Tränen flossen, ich umklammerte mein Pferd. Jetzt war es also soweit. Es ging nicht mehr. In diesem Moment verabschiedete ich mich von Waldfee, obwohl sie dann doch noch ein ganzes halbes Jahr bei uns sein konnte. Denn sie sollte mitentscheiden, so wie Robin damals.

Aus tierärztlicher Sicht war es also an der Zeit, mein Pferd zu erlösen. Aber wie sah es mit Waldfees Sicht aus? Ich fühlte mich zu befangen, um ein objektives Tiergespräch mit meinem Pferd zu führen. Zu nah dran, zu emotional.

Glücklicherweise kannte ich mittlerweile einige Tierkommunikatorinnen und ich bat die ein oder andere, sich einmal mit Waldfee darüber zu unterhalten. Es war sehr spannend. Die erste kam gar nicht erst dazu, dass Thema anzusprechen, denn Waldfee vermittelte ihr Lebensfreude pur. Es ginge ihr gut und sie wolle noch die Weidezeit genießen und viel Zeit mit mir verbringen. Schmerzen in den Beinen? Ach, woher! Sie konnte diese Schmerzen tatsächlich völlig ausblenden.

Die zweite versuchte es und Waldfee blockte das Thema sofort ab. Die Bekannte berichtete mir, sie habe sich gerade überlegt, wie sie denn für dieses sensible Thema die richtigen Worte finden könne, als ihr Waldfees Statement entgegenflog: „Ich möchte nicht darüber reden!"

Der Winter kam und die Witterung setzte Waldfee zusätzlich zu. Ich packte sie in warme Decken und so kamen wir einigermaßen zurecht. Sie hatte immer noch diesen Drang auf die Wiese, bloß nicht eingesperrt sein. Sie galoppierte tatsächlich noch täglich raus auf die Weide!

Der Winter war sehr nass und die Wiese extrem matschig. Waldfee konnte sich auf diesem Boden kaum halten und wusste abends oft nicht, wie sie wieder in den Stall kommen sollte. Raus im Galopp, aber rein wurde schwierig. Wir brauchten viel Zeit für wenige Meter. Ich begleitete sie immer dabei.

Dann jedoch, wenn sie es bis in ihre Box geschafft hatte, war alles wieder gut. Spätestens, wenn ich mit der Futterschüssel um die Ecke kam, blitze mich ein lustiger Pferdeblick freudig an. So viel Lebensfreude noch in ihrem Ausdruck, beeindruckend. Schmerzen? Ach, woher!

Mittlerweile hatte sie sich folgende Schonhaltung angewöhnt: Sie schob ihr rechtes Hinterbein mittig unter ihren Körper, wie eine Stelze, und benutzte das linke Hinterbein als Ruder zum Ausbalancieren. Sehr stabil war dieses Konstrukt nicht. So kam sie zweimal zu Fall, als unsere andere Stute sie versehentlich anrempelte. Waldfee drehte eine elegante Rolle und stand wieder auf. War was? Nee.

Mich umtrieb in all diesen Wochen natürlich immer die Frage, wann der richtige Zeitpunkt sein würde, Waldfee zu helfen, diese Welt zu verlassen. Ich wollte kein Drama, auf gar keinen Fall! Keinen Unfall auf der Weide, keine gebrochenen Beine, kein Festlegen in der Box, keinen Sturz, von dem sie nicht wieder aufstehen konnte, keinen Notfall-Tierarzteinsatz mit Hektik und überstürzten Entscheidungen. In meinem Freundeskreis gab es da einige Erlebnisse, auf die ich wirklich verzichten konnte.

Ich wollte einen Abschied in Würde, geplant, vorbereitet, in Ruhe und Frieden, mit dem einzigen Menschen, dem Waldfee in dieser Situation vertrauen würde: Bianka. So schaute ich jeden Abend in Waldfees Gesicht und wartete auf ein Zeichen, das mir sagte: „Ich bin so weit." Aber aus ihren Augen sprach weiterhin: „Das Leben ist schön. Lass es uns genießen!"

Eines Abends, als wir besonders lange brauchten, um es zurück in den Stall zu schaffen, war mir plötzlich klar: Es ist soweit. Ab jetzt wäre es unverantwortlich, noch länger zu warten. Bianka hatte sich zur Hufbearbeitung angekündigt und so bat ich sie, sich darauf vorzubereiten, Waldfee einzuschläfern.

„Es gibt da nur ein Problem", sagte ich noch, „ich glaube, Waldfee ist noch nicht so weit. Aber ich weiß, dass es jetzt sein muss."

Glücklicherweise machte ich genau zu dieser Zeit meine Animal Creation Ausbildung und wir hatten genau an dem Tag vor besagtem Termin ein online Meeting zum Thema „Systemische Aufstellungen".

Wir machten also eine Aufstellung zu dem Thema und am Ende dieses Vormittags war mir so vieles klar. Es fühlte sich plötzlich so leicht an, so richtig. Waldfee machte noch einmal deutlich, was sie mir eigentlich schon die ganze Zeit gezeigt hatte, indem sie ihre Schmerzen ausblendete: Sie ist nicht ihr Körper. Tiere können das viel besser trennen, als wir Menschen. Ihre Fröhlichkeit, ihre Herzenswärme, ihre Liebe würde ich immer in ihren Augen sehen, denn das ist sie, ihr Wesen, so ist sie.

Der Körper ist jetzt schwach und möchte erlöst werden. So soll es sein. Ein Satz half mir besonders, den die Stellvertreterin für Waldfee irgendwann hinaus schmetterte, während alle anderen lang und breit darüber diskutierten, was jetzt zu tun sei: „Jetzt hört doch mal auf, herumzudiskutieren und trefft eine Entscheidung. Egal, wie du dich entscheidest, Kerstin, es wird für mich richtig sein." Klare Worte. Danke, Waldfee.

Am nächsten Tag kam alles, wie ich es mir gewünscht hatte. Waldfee wusste, was auf sie zu kam und gab sich dem Prozess vertrauensvoll hin. Bianka hatte alles in Ruhe vorbereitet und es wurde ein Abschied in Würde.

Waldfee durfte zu Hause in Frieden sterben. Ihr Herz hörte sehr schnell auf zu schlagen, es war wohl doch schon sehr schwach. „Und sie war doch so weit, ganz sicher", stellte Bianka nach ihrer Abschlussuntersuchung fest. Ich fühlte keine Trauer, nur Liebe und Dankbarkeit.

DANKE, WALDFEE!

In meinem letzten halben Jahr mit Waldfee war es mir wichtig, möglichst viel Zeit mit ihr zu verbringen. So haben wir oft lange einfach nur zusammengestanden. Je nach Verfassung durfte ich sie dabei berühren, oder eben auch nicht. Aber sie ließ es immer häufiger zu.

Ich durfte 27 Jahre lang meine Hand nicht auf ihre Stirn legen. Jetzt durfte ich. Waldfee mochte keine Berührungen. Jetzt konnte sie es immer häufiger zulassen. Ich bin mir sicher, es lag auch an der veränderten Energie, mit der ich jetzt bei ihr war.
Ich hatte mittlerweile gelernt, bewusst im Hier und Jetzt zu sein, bewusst zu atmen, Energieströme bewusst wahrzunehmen

und zu lenken.

Waldfee mochte das sehr. Oft stellte ich mich vor sie, legte meine rechte Hand auf mein Herz und die linke auf ihre Brust. Dann ließ ich in meiner Vorstellung meine Liebe von meinem Herzen in ihr Herz fließen und zurück. Wir genossen das beide sehr.

Wie viel Zeit verbringst du bewusst mit deinem Tier? Bist du immer im Tun, oder auch mal im Sein? Gerade Pferdebesitzer, die ihr Pferd nicht zu Hause stehen haben, fahren ja in der Regel zu ihrem Pferd, „um zu ...“ – um zu reiten, um zu pflegen, um zu bewegen, ...

Die Energie, die sie dabei ausstrahlen, kann für Pferde anstrengend sein und Druck erzeugen. Nimm dir immer mal wieder bewusst die Zeit, „nur“ mit deinem Tier zu „sein“, einfach beisammen sein und bewusst Energien austauschen.

Das Schöne an Energien ist, dass sie überall sind. Man muss nicht zwingend physisch beisammen sein, um sich energetisch nah zu sein. Mit Waldfee habe ich das oft einfach von zu Hause aus praktiziert. Das kann gerade für Pferdemenschen ganz angenehm sein, da es zur kalten Jahreszeit im Stall doch irgendwann ungemütlich wird. Gern beschreibe ich dir die kleine Übung, wie ich sie mit Waldfee praktiziert habe. Vielleicht wird es ja auch ein kleines Ritual für dich und dein Tier:

Übung: Verbinde dich mit deinem Tier

Setze oder lege dich bequem hin und konzentriere dich auf deinen Atem. Spüre deinen Körper und die Unterlage, auf der du sitzt oder liegst.

Beobachte, wie sich dein Bauch beim Einatmen ausdehnt und beim Ausatmen wieder zusammenzieht. Stelle dir nun vor, wie du deine Energie mit jedem Einatmen ausdehnst und mit jedem Ausatmen wieder zu dir zurückholst.

Dehne dich immer weiter aus, bis du in deiner Vorstellung an dem Ort angekommen bist, wo sich dein Tier gerade aufhält. Stelle dir nun vor, wie deine Energie beim Weiten durch das Energiefeld und den Körper deines Tiers fließt und wie du diese beim Ausatmen durch dein Tier hindurch wieder zu dir zurückziehst.

*Im Onlinebereich findest du zu dieser Übung noch ein Audio, das etwas mehr in die Tiefe geht.

Das kannst du so lange machen, wie es angenehm für dich ist. Dein Tier wird deine Energie spüren und es kann selbst entscheiden, wie viel davon es annehmen oder vorbeiziehen lassen möchte. Es kann auch seine eigene Energie mit hineingeben, die dann wiederum bei dir ankommt.

IN LIEBE VERBUNDEN, EWIGLICH

Rettung aus Sicht eines Straßenhundes

von Kirsten Jeude

Vor noch gar nicht so langer Zeit lebte ich in Rumäniens Wäldern in meinem Rudel. Dort war ich das, was ihr glaube ich, Alpha-Tier nennt. Ich hatte die Verantwortung für meine Junghunde und das Rudel.

Wir waren glücklich und unabhängig und teilten uns das Jagen und das Hüten der Jungtiere.

Unseren Tag verbrachten wir meist mit Toben, Spielen, Fellpflege, Futtersuche und Schlafen. Wir kannten uns gut aus und es gab meistens genug Beute und Wasser im Wald, sodass wir nicht oft Hunger hatten. Wenn es kalt wurde, schliefen wir in Höhlen oder in Baumwurzeln und wärmten uns gegenseitig. Mir hat die Kälte nie etwas ausgemacht, denn ich bin ein Husky mit wilden Vorfahren.

Von Menschen hielten wir uns fern, denn wir wussten, dass uns die meisten nicht in ihrer Nähe haben wollten.

Einmal, als ich ein Huhn auf einem Hof erwischte, wurde ich von der Frau in Kittelschürze und Gummistiefeln mit einem Knüppel verprügelt. Sie schlug immer wieder auf meinen Rücken. Ich versuchte ihr zu sagen, dass ich nur dieses eine Huhn bräuchte, denn sie hatte doch noch ganz viele - und dieses Huhn war das Schwächste. Es hätte bestimmt keine Eier mehr gelegt.

Letzten Winter beanspruchte ein anderes Rudel unser Gebiet und so beschlossen wir, doch näher an das Dorf umzusiedeln. Dort war es auch ein bisschen wärmer als tief in den Wäldern.

Schnell gewöhnten wir uns daran, in den Müllbeuteln Nahrung zu finden. Wir versuchten, so unauffällig wie möglich zu sein, um nicht wieder vertrieben zu werden.

Im Dorf gab es jemanden, der Fleisch für die Menschen verarbeitete. In seinem Müll fanden wir die besten Leckereien.

Wir mussten vorsichtig sein, denn es gab dort Hundefänger. Sie fuhren mit ihren großen Transportern gerne durch das Dorf, die Schlingenstangen immer griffbereit. Wir hörten von anderen Rudeln, dass einige Tiere in dem Transporter verschwunden und nie wieder gekommen seien. Manchmal konnten wir es hören... das Schreien der Gefangenen. Man hörte deutlich die Angst.

An einem warmen Spätsommertag verließ ich das Rudel und meine Junghunde, um im Dorf nach Nahrung zu suchen. Es war ein so herrlicher Tag und ich hatte so eine fröhliche, gute Laune. Ich spielte mit mir selbst, indem ich den Blättern und ab und zu meinem Schatten hinterher jagte. Es roch aromatisch nach Erde und Herbst, der bald kommen würde. Wir brauchten jetzt etwas mehr Nahrung, um ein wenig Reserven für den kalten Winter zu bekommen. Mein Schatten wurde schon länger, also musste es schon spät sein, und ich musste mich beeilen, bevor es dunkel wurde.

Ich stand an einer Mülltonne und pflückte mir gerade Hühnerknochen heraus, als ich ihn sah. Ein Schatten, direkt hinter mir. Ich sah den Schatten mit der Schlinge größer werden. Ich stand in einer Sackgasse, wo sollte ich hin? Als ich versuchte wegzurennen, spürte ich, dass die Schlinge bereits um meinen Hals lag und sich fester zuzog. Ich versuchte mit all meiner Kraft zu entkommen, wand mich von links nach rechts, sprang, zog und versuchte meine Zähne einzusetzen. All das half nichts und so beförderte man mich in den Transporter zu den anderen. Es roch nach Panik und Angst. Was passierte jetzt mit uns? Wo brachte man uns hin?

Meine Gedanken kreisten um meine Junghunde und mein Rudel. Sie warteten bestimmt immer noch auf mich und wussten nicht, was mir passiert war. Wer brachte ihnen jetzt Nahrung? Ich konnte sie doch nicht alleine lassen. Wie kann ich bloß zurück? Ach, hätte ich doch besser aufgepasst. Ich schrie die Menschen an:

Lasst mich wieder gehen. Mein Rudel, meine Kinder, warten auf mich. Bitte lasst mich gehen!! Ich komme auch nie mehr ins Dorf und stehle ein Huhn oder durchsuche den Müll... nur bitte lasst mich gehen!!!

Ich wachte von tosendem Lärm auf... Gebelle, Gewinsel, Knurren und Jaulen... es roch nach Stress und Angst; mein Unterleib tat mir weh und ich hatte eine Marke an meinem Ohr, die man mir dort einfach hineingestochen hatte. Ich war in der Smeura (Europas größtes Tierheim) gelandet. Der Lärm war unerträglich. Der Gestank von Urin, Angst und Tod biss in der Nase.

Was mein Rudel wohl machte? Waren alle wohlauf? Warteten sie vielleicht immer noch auf meine Rückkehr? Ich würde alles versuchen, um wieder zurückzukommen. Was hatte man hier mit mir vor? Wie lange muss ich hierbleiben?

Als ich mich umsah, sah ich neben mir in einer anderen Box ein Husky-Mädchen.

Es roch nach Blut und ich sah, dass ihr vorne ein Bein fehlte. Ich konnte die Naht sehen, an der noch etwas Blut klebte.

Sie hob den Kopf und schaute zu mir. Als sie mich sah, fing sie an zu lächeln und sagte:

Hi, mein Name ist Rania und wir beide kommen zusammen hier raus. Ich möchte, dass wir zusammenbleiben. Ich habe schon einen Plan und habe jemanden gerufen, der uns helfen kann. Und dann werden wir beide sehr glücklich sein.

Unsere Wunden verheilten und Rania und ich gaben uns gegenseitig Mut und Kraft. Wen hatte sie denn gerufen und wie sollte uns jemand hier helfen? Es waren einfach zu viele Tiere. Täglich gab es Beißereien und Streit. Ich dachte jeden Tag an mein Rudel und die Sehnsucht nach Freiheit wurde immer größer. Aber Rania konnte ich auch nicht im Stich lassen.

Eines Morgens kamen Leute, die eine andere Sprache sprachen. Rania war ganz aufgeregt. Ihre blauen Augen blitzen noch blauer als der Himmel.

Sie flüsterte: *Es geht los!*

Was meinte sie damit? Hätte ich doch mehr von ihrer Unbekümmertheit. Sie war immer gut gelaunt und so fröhlich. Obwohl sie noch so jung war, war sie wissend und weise.
Man nahm uns mit und steckte uns in kleine Boxen. Übereinander gestapelt standen wir in der Sonne.
Eine Frau brachte blaue Dokumente an der Boxentüre an. EU-Impfausweis! Was soll das sein?

Die Fahrt im Transporter war sehr lange. Ich hatte Angst und Hunger. Wo ging es diesmal hin? Warum dauerte das alles so lange? Brachte man mich zurück zu meinem Rudel?
Ich sah Rania an, die lächelnd und tief schlafend auf ihrer Wunde lag. Hätte ich doch nur besser aufgepasst!

Es war der 31. Oktober, als wir ankamen. Spät in der Nacht hielten wir und ich hörte lautes Bellen.
Eine Frau stand am Ende einer Treppe, tauschte mit dem Fahrer Papiere aus. Sie hatte eine so warme Energie, dass ich ein wenig meine Angst verlor. Ich weiß nicht, wie Rania das angestellt hat, aber wir beide wurden hier ausgeladen und man brachte uns gemeinsam in das Haus. Es roch nach leckerem Fleisch und ich spürte wieder diese Wärme.
Die Frau redete ganz sanft mit uns und wir durften uns ausruhen.
Rania kuschelte sich an mich und sagte: *Jetzt wird alles gut. Ich habe dein Zuhause gefunden und es dauert nicht lange, bis du dort ankommen darfst. Hab keine Angst, denn ich habe alles in die Wege geleitet. Ich hatte Kontakt mit einem Menschen, der mit uns kommunizieren kann und schon bald hat sie uns gefunden.*

Wir waren in einem privaten Tierheim, in dem wir uns frei im Haus und Garten bewegen konnten. Das Spielen mit den anderen Hunden ließ mich meine Sorge um mein Rudel sogar manchmal vergessen. Rania sollte für immer dortbleiben, aber

was sollte jetzt aus mir werden? Ich wollte hier doch nicht weg

Als es an der Tür klingelte, wusste ich ja noch nicht, was auf mich zu kam.
Sie stand einfach da im Türrahmen und lächelte mich an. Rania flippte fast aus und leckte ihr ständig das Gesicht und hüpfte immer wieder an ihr hoch. Die Frau kam zur Behandlung von Rania und war Physiotherapeutin. Auch mich massierte sie und ich merkte, wie gut mir das tat. Ich legte mich neben sie auf den Boden und kuschelte mich an sie.
Rania kam schon wieder und leckte der Frau das Gesicht und anschließend mein Ohr. Sie flüsterte: *Das ist sie. Sie habe ich gerufen.*

Bereits 2 Tage später wurde ich abgeholt! In mein neues Zuhause. Ein neues, unbekanntes Leben in einem neuen Rudel. Ich habe jetzt eine „kleine" ältere Schwester. Sie kam damals auch aus Rumänien hierher.

Welche Regeln gibt es jetzt zu lernen? Wie soll ich mich verhalten? Was macht man so als „Haustier"? Was darf ich? Was darf ich nicht? Wer sind die Leute hier? Wer sind die anderen Hunde, die ich rieche? Wo kann ich mich lösen? Wo darf ich schlafen?

Auch wenn ich keine Wahl hatte, man mich mit Gewalt aus meinem alten Leben gerissen hat, mir mein Rudel und meine absolute Freiheit genommen hat, bin ich froh, dass ich hier angekommen bin. Ich darf toben und auf unseren Spaziergängen darf ich frei sein. Meine kleine Schwester ist zwar manchmal etwas zickig, aber ich habe sie trotzdem total lieb. Ich liebe es, im Wald neben ihr her zu jagen und über die Bäume zu springen. Ich weiß, dass ich nicht mehr in mein altes Leben zurück kann, aber das ist jetzt ok für mich, denn dieses neue Leben fängt an, mir richtig zu gefallen.
Ich darf sein, wer ich bin!
Ich spüre Liebe! Ich bin glücklich!

Du glaubst, diese Geschichte ist frei erfunden?

Dies ist Smillas Geschichte, die zu mir kam, als ich 3-Beinchen Rania (Name geändert) physiotherapeutisch unterstützen wollte. Rania hatte Kontakt zu mir aufgenommen und ich wusste erst nicht, was sie von mir wollte. Ich spürte, dass Rania unbedingt wollte, dass wir uns trafen. Dennoch musste ich ihr mitteilen, dass ich nichts für sie tun konnte, außer ihr physiotherapeutisch zur Seite zu stehen. Die vielen Stufen in meinem Haus hätten uns vor eine große Herausforderung gestellt.

Ich nahm Kontakt zur Tierschutzorga auf, die mir mitteilte, dass Rania übernommen wurde. Auch diese Menschen verzauberte sie, sodass sie für mich in Erfahrung bringen konnten, wo Rania „gelandet" war.

Ganz in meiner Nähe war sie in einem privaten Tierheim unter-
gebracht, sodass ich sofort Kontakt aufnahm.
Dankbar wurde mein Angebot dort empfangen, Rania zu behandeln.
So fuhr ich in das Tierheim und folgte Ranias Ruf.

Als ich vor noch gar nicht so langer Zeit in diesem Tierheim
mit Herzführung ankam und Rania das erste Mal sah, war es, als
kannten wir uns bereits sehr lange. Ihre Liebe, die sie für jeden
übrig hat, überwältigte mich. Ihr klarer Verstand und ihre Ziel-
strebigkeit sind vermutlich nahezu einzigartig.
Während der Behandlung mit Rania tauchte immer wieder Smilla
auf. Ihre Neugier und das Bedürfnis nach Liebe und Trost sind
nach wie vor allgegenwärtig.

Die Entscheidung, Smilla zu uns zu nehmen, war keine Entscheidung, sondern der Ruf und der Wunsch zweier wunderbarer Wesen, die sich nicht in ihrem Schicksal und Drama verloren haben.

Rania und Smilla haben nach wie vor Kontakt, denn ich nehme
Smilla zu Ranias regelmäßigen Behandlungen mit.

Smillas Sichtweise und Erlebnisse wurden mir von ihr selbst
übermittelt.
Dennoch habe auch ich eine Bitte an dich!

Wenn du ein Tier aus dem Tierschutz zu dir nimmst, sei ihm
nicht böse, wenn es anders ist, als du es dir vielleicht vorgestellt
hat.
Sei nicht böse, wenn es nicht versteht, was du von ihm möchtest.

Sei nicht traurig, wenn es am Anfang schwer ist.
Gib ihm Zeit und schenke ihm dein vollstes Herzens-Vertrauen.

Smilla hat sich mittlerweile gut eingelebt, dennoch hat sie ihre
Themen. Einen Stock zu heben ist für sie nach wie vor trauma-
tisch.

Schnelle Bewegungen machen sie oft unsicher.
Manche Menschen sind ihr suspekt.
Lautes Klicken macht ihr Angst.

Wir erforschen diese Themen gemeinsam, ohne daraus ein Drama zu machen. Es hilft jedem „traumatisierten" Hund, wenn du es einfach nur zur Kenntnis nimmst und es somit bereits auflösen kannst.

Keiner unserer Tierschutzhunde möchte ständig an seine Vergangenheit gebunden sein.
Keiner unserer Tierschutzhunde möchte auf seine Vergangenheit reduziert werden, denn so nimmst du ihm seine Möglichkeit, im JETZT anzukommen.

Wenn dein Tier ausziehen möchte

von Romana Rohrer

Hat dein Tier eigentlich die Freiheit, selbst entscheiden zu dürfen?

Darf es bei seinem Weg frei mitbestimmen oder bestimmst du darüber, wie wann was stattzufinden hat?

Wie würde sich dein Tier fühlen, wenn du ihm Wahlmöglichkeiten geben würdest?

Wie fühlst du dich, wenn du mehrere Möglichkeiten zur Verfügung hast? Bist du überfordert oder erfreust du dich an deiner Freiheit?

Gibt es in dir vielleicht Ängste oder Sorgen, dass dein Tier etwas wählen könnte, womit du zuerst gar nicht einverstanden bist? Etwas, das du vielleicht mit deinem logischen Verstand gar nicht nachvollziehen kannst?

Eine Menge Fragen sind das, ich verstehe, doch lasse sie einfach einmal wirken. Fragen erweitern unseren Geist, sie bringen einen Riss in die „Denkfassade" und lassen etwas völlig Neues dein Denken erfüllen. Ist es nicht manchmal so, dass es ganz gut wäre, ab und an etwas Neues zu denken?

Und genau dieses neue Denken braucht es in diesem Kapitel. Du musst in der Lage sein, etwas Neues zuzulassen, denn den meisten von uns geht es bei diesem Thema wohl eher so: „Bist du verrückt, ich gebe mein Tier nie und nimmer her!", „Um keinen Preis der Welt würde ich meinen geliebten Gefährten ausziehen lassen. Das würde mir das Herz brechen!" usw.

Ich hätte mir das auch niemals vorstellen können, aber das Leben, bzw. meine Tiere, hatten manchmal andere Vorstellungen davon, wie ihr Leben sein soll. Vieles habe ich erst im Nachhinein verstanden. Manches sogar erst jetzt, wo ich dieses Kapitel für dich schreibe.

Wie sehr kannst du in der Erlaubnis sein und das empfangen, was dein Tier dir gerade anbietet?

Nun möchte ich dir einfach von meiner Geschichte mit meinen Tieren erzählen, die beschlossen hatten, dass sie ausziehen möchten. Zuerst, ohne mich zu fragen - bzw. wollte ich es wohl nicht so ganz wahrhaben. Denn immerhin, wenn ich an meinen ersten eigenen Hund Lio denke, hätte ich dir genau solche Sätze entgegengebracht, wenn du mir gesagt hättest, dass mein Hund nicht bis an sein Lebensende bei mir bleiben wird. Ich wäre sogar wütend geworden. Klar, wem ist das zu verübeln, immerhin war er einfach MEIN Hund. Also, was ist passiert, dass es doch so gekommen ist?

Lio zog bei mir ein, als ich 21 Jahre war. Ich habe alle Hebel in Bewegung gesetzt, damit dieser lang ersehnte Traum für mich wahr wird. Meinem damaligen Lebensgefährten wurde sogar von seinem Vater mit Enterbung gedroht, wenn ich mir einen Hund nehmen würde. Ich hatte mich durchgesetzt, das war doch logisch.
Gott sei Dank, denn die Trennung ließ nicht lange auf sich warten und so zogen Lio und ich wieder aus. Bis wir dann etwas später unser Heimatbundesland ganz verlassen hatten und einen neuen Abschnitt begannen. Lio war überall dabei, er war mein stärkender Begleiter und Partner an meiner Seite. Auch in der Zeit, wo ich mich einsam fühlte, gingen wir gemeinsam. Er brachte mich zum Lachen und manchmal auch zum Verzweifeln. Mein Leben in jungen Jahren zog weiter und ich habe geheiratet, habe Kinder bekommen. Es kamen nach und nach noch weitere Tiere - Pheobe (Katze), Lara (Katze) und Ronja (Hund) - in unser Leben. Egal was war, Lio war stets da und half mit seiner Energie mit.

Einige Zeit später kam die Scheidung, Lio war da. Es war eine turbulente Zeit. Alles veränderte sich schlagartig, ich musste viele Emotionen jonglieren, die Kinder stabilisieren und unser Leben so gut es ging weiterführen.

Nach einiger Zeit, als sich alles so halbwegs in geregelten Bahnen befand, begann Lio viel zu bellen. Er bellte vor allem, wenn ich nicht zu Hause war. Eines Abends, als ich ausgegangen war, die Kinder hatten Papa-Wochenende, meldete sich mein Vermieter. Es war schon spät, als ich die Nachricht auf meiner Mailbox abhörte - nach 1 Uhr nachts. Er meinte, Lio würde schon seit 22 Uhr durchbellen. Ich bin sofort nach Hause gefahren, das war nicht gut.

Damals konnte ich nicht verstehen, was los war. Er war doch so ein wundervoller Hund, es hat doch nie etwas gegeben. In diesem ganzen Tumult hatte ich vergessen, dass auch Lio meine Aufmerksamkeit und meine Erklärungen gebraucht hätte. Sein Bellen war eben mein Weckruf. Also ging ich in Kommunikation mit ihm. Ich fragte immer wieder, was er brauchen würde, was die Situation brauchen würde und auch was er sich wünscht und was für uns alle der größte Beitrag wäre.

Die Frage, ob er denn ausziehen wolle, stellte ich jedoch nie. Sogar zu diesem Zeitpunkt war es für mich undenkbar. Dieser Gedanke existierte nicht. Ich fand eine, wie ich finde, ganz gute Lösung dafür, dass Lio nicht allein sein musste. Immer wenn die Kinder Papa-Wochenende hatten, ging Lio mit zum Papa-Wochenende. Ich war erleichtert und Lio hatte keinen Stress. Lio hatte die Scheidung einfach nicht so gut verkraftet, er hatte Trennungsschmerz und klar, er wollte nicht alleine sein. Vor allem wollte er bei den Kindern sein, doch das wurde mir erst später bewusst. Für mich war das Problem gelöst, doch Lio wollte mehr.

An einem Sonntag brachte mein Ex-Mann die Kinder und Lio zu mir zurück. Lio kam rein, begrüßte mich. Ich empfing die Kinder, unterhielt mich noch an der Tür mit meinem Ex-Mann. Da stand Lio plötzlich schwanzwedelnd neben ihm, schaute ihn an und meinte: *Komm, wir können wieder fahren!*

Wir machten noch Scherze darüber, dass er wohl ausziehen möchte, aber ich dachte zu diesem Zeitpunkt noch immer nicht ernsthaft darüber nach. Doch seine Botschaft war klar und er hatte seinen Wunsch bei uns deponiert. Mein Ex-Mann war zuerst nicht wirklich damit einverstanden. Dann kam eine Freundin mit ihrer kleinen Tochter zu Besuch und auch da fiel es wieder im Gespräch, dass sie Lio sofort mitnehmen würden und er wäre so süß usw.

Da ich nicht mehr an Zufälle glaubte, wusste ich: Da ist was dran an der Sache. Das alles passiert nicht einfach so. Lio ging immer öfter mit meinem Ex-Mann mit und war happy. Immer, wenn er zurückkam, war er jedoch nicht mehr ganz so happy.

Nach einigen Gesprächen fiel die Entscheidung: Lio zog zu meinem Ex-Mann ins Haus. Dort ist es sogar erwünscht, wenn er bellt, immerhin muss ja das Haus auch bewacht werden. Wobei er nie wieder so viel bellte, wie bei mir.

Zu diesem Zeitpunkt war es klar und ich bin der Energie gefolgt. Es war auch nicht emotional, denn es war einfach klar. Lio war sehr geduldig mit mir und hat sich Stück für Stück aus meinem Leben gelöst. Doch erst heute, nach seinem Tod (Er lebte dort noch sieben schöne Jahre), bekam ich, als ich mich mit ihm verband, die Botschaft für dieses Buch und warum er das gemacht hatte.

Es ging nicht primär um ihn. Er hat die Kinder in der neuen Situation unterstützt, so konnten sie sich dort im Haus noch mehr zu Hause fühlen. Auch, wenn die Mama nicht da war, ein Teil von ihr war es – Lio. Lio fühlte sich freier, er hatte eine neue Aufgabe und unsere Lösung war wirklich perfekt für uns alle. Zum richtigen Zeitpunkt ging es in Leichtigkeit.

Hättest du mir das einige Jahre zuvor gesagt, wäre es ein No-Go gewesen, doch die Anliegen meiner Tiere waren mir schon immer wichtig und scheinbar gehörte auch dieser undenkbare Wunsch dazu.

Doch die Geschichte meiner Tiere ist noch nicht zu Ende, denn du musst wissen, dass ich inzwischen nur noch meine Hündin Ronja als meine ständige Begleiterin habe. Was ist also weiter passiert?

Pheobe beschloss, es Lio gleich zu tun. Vermutlich war sie mit der neuen Lebenssituation in unserem Haushalt nicht einverstanden. *Da ziehen plötzlich alle aus, wer weiß was da noch kommt. Ich muss da auch mal weg.*
Was jetzt in meinem Kopf begann, war die Angst vor den Bewertungen und Verurteilungen: „Jetzt hat sie schon ihren Hund weggegeben, jetzt gibt sie auch noch die Katze weg!" usw.
Da dachte es in meinem Kopf viele schräge Gedanken und ich wollte um keinen Preis der Welt für eine schlechte Tierbesitzerin gehalten werden. Ich liebte meine Tiere, das tue ich heute noch. Aber sie haben etwas anderes gewählt mit ihren Mitteln, die sie zur Verfügung hatten.

Lara zum Beispiel kreierte sich eine Besucherin, die so verliebt in sie war, dass sogar für jeden Außenstehenden sichtbar war, dass dieser Mensch und diese Katze zusammengehörten. Ich meinte noch so scherzhaft: „Möchtest du sie gleich mitnehmen?" Für unsere Besucherin war die Frage mehr als willkommen.

Pheobe wohnte zum damaligen Zeitpunkt schon bei der Schwester unserer verliebten Besucherin. Und ich sage dir, Tiere sind so kreativ und faszinierend. Pheobe zog vor Lara zu meiner Freundin Silke, sie wollte nur eine Katze (auch hier kam damals die Angst vor Verurteilung hoch, denn man kann doch die Katzen nicht trennen). Doch Pheobe hatte beschlossen, dort einzuziehen. Beim Umzug stieg sie aus ihrer Transportbox und lief in ihrem neuen Zuhause herum, als hätte sie nie woanders gelebt. Sie fühlte sich wohl, sie konnte dort sogar in den Garten und nahm das Angebot des Freigangs dankend an.

Auch bei ihr dauerte es eine gewisse Zeit, bis ich mich mit

dem Gedanken und ihrem Wunsch angefreundet hatte. Aber am Ende war es so ersichtlich, dass auch sie sich den Umzug gewünscht hatte, dass ich keine Sekunde mehr zweifelte. Ich hatte mir/uns auch immer die Option offengelassen, dass wenn irgendetwas nicht klappen sollte, sie immer zu mir zurückkommen darf. Das ist bis heute nicht passiert. Und wie kam es nun, dass Pheobe und Lara wieder zusammenkamen?

Nun, der Lebensgefährte der verliebten Besucherin wollte keine Katze. Unter Tränen rief sie mich an und bat mich, sie bitte niemand anderem zu geben (Fiel mir eigentlich auch nicht ein, ich hatte ja gar nicht vor, sie wegzugeben). Sie wolle noch mit ihrer Schwester sprechen. Tja, und die liebe Schwester Silke war einverstanden und meinte am Ende, als Lara bei ihr einzog: „Wie konnte ich die zwei Katzen jemals trennen?"

So kam es, dass sich mein Rudel, meine Familie, komplett verändert hatte. Meine Aufgabe als Besitzerin war es, dass ich mit der Energie gehen durfte. Wenn du der Energie nicht folgst, im Widerstand mit dem bist, was ist, dann wird dein Leben hart und anstrengend. Ja, es können allerhand Blockaden und begrenzende Gedanken in einem hochkommen. Aber diese kann man beleuchten und transformieren.

Es können alte Schmerzpunkte angetriggert werden, natürlich, denn vielleicht hast du so eine tiefe Beziehung mit deinem Tier, wie ich sie hatte. Und doch verlangt das Leben etwas anderes von dir.

Bitte beachte auch, dass es niemals ein leichtfertiges Weggeben des Tiers sein sollte, sondern immer in Co-Kreation mit deinem Tier passieren soll. Benutze deine Wahrnehmung für die Unterscheidung und um herauszufinden, ob dein Tier gerne ausziehen möchte, oder ob du es einfach loswerden möchtest. Das ist natürlich auch OK, aber bedenke immer: Wenn Tiere uns mit ihrem Verhalten etwas zeigen, bedeutet das manchmal auch, dass sie eine Botschaft für uns haben. Diese solltest du dir unbedingt vor weiteren Schritten bewusst machen.

Verstehe die Absicht deines Tiers und erkenne sie an.

Zuerst einmal darfst du erkennen, was dir dein Tier mit einer plötzlichen Verhaltensänderung sagen möchte. Für mich war es ja auch nicht von Anfang an erkennbar.

Deswegen ist es unabdingbar, dass du beginnst, dein Tier zu beobachten. Wann tritt das Verhalten auf und welche Gedanken und Gefühle kommen in dir hoch? Beginne, mit deinem Tier in Kommunikation zu gehen. Stelle ihm Fragen. Reflektiere dich selbst und frage dich auch: Was hat dieses Verhalten mit mir und meiner energetischen Ausstrahlung zu tun?

Bevor du mit dem Fragenstellen beginnst, setze dich hin, schließe die Augen und fühle einfach nur deinen Körper. Nimm wahr, wie du dich fühlst.

Gibt es Stellen in deinem Körper die dir besonders auffallen? Dann nimm sie einfach wahr. Lass dir Zeit. Atme tief in deinen Bauch. Lasse deine Gedanken los, indem du dich auf deinen Atem konzentrierst. Wenn Gedanken auftauchen, ist das natürlich OK.

Wenn du dich dabei erwischst, wie du von einem Gedanken in eine Geschichte mitgezogen wirst, kehre einfach wieder liebevoll und geduldig zu deinem Atem zurück. Der Atem ist im Grunde der einfachste Anker, um dich zu zentrieren.

Beobachte weiter: Wie fühlst du dich? Welche Gefühle zirkulieren durch deinen Körper? Bist du noch aufgeregt? Dann atme. Auch mit deinen Gefühlen brauchst du nicht in eine Geschichte mitgehen. Du beobachtest einfach nur, so wie eine Katze ein Mauseloch beobachtet. Und du nimmst wahr, ohne deine Gedanken und Gefühle zu bewerten.

Bei dieser Übung geht es einzig und allein darum, dass du deinen jetzigen Zustand wahrnehmen lernst. Also alles schön ohne Bewertung. Alles darf da sein und du bist OK, genauso wie du bist.

Es gibt nichts richtig zu machen und du kannst auch nichts falsch machen. Es dient einzig und allein als Beobachtung. Du darfst der neutrale Beobachter sein. Je öfter du diese kleine Übung im Alltag anwendest, desto leichter wird sie dir fallen. Es ist eine reine Übungssache.

Glaub mir, wenn ich das geschafft habe, dann kannst du das auch. Ich bin ein sehr ungeduldiger Mensch, doch diese Übung erdet mich immer - und heute geht es sogar mit offenen Augen im hektischen Alltag.

Dann stelle eine Frage. Es macht Sinn, dass du dir über diese Frage schon vorher Gedanken machst. Wenn du schon geübter bist, kannst du natürlich auch im entspannten Zustand darauf achten, welche Frage gestellt werden möchte. Es kann auch sein, dass die Antwort schon vor der Frage da ist. Alles ist möglich, das ist auch OK.

Mögliche Fragen:
- Hey, warum machst du das?
- Was möchtest du mir damit sagen?
- Kann ich dir helfen?
- Was wünschst du dir?
- Was ist hier der größte Beitrag für alle Beteiligten?
- Welche Schritte stehen jetzt an?
- Universum, was ist jetzt dran?
- Wie kann ich mehr Leichtigkeit mit dieser Situation haben?

Und stelle auch dies folgende Frage, auch wenn du sie eigentlich nicht stellen möchtest:
- Möchtest du ausziehen?
- Möchtest du eine neue Familie?

Diese Fragen sind Beispiele, du kannst sie beliebig auf deine Situation erweitern. Scheue dich jedoch nicht, die letzte Frage zu stellen. Sie war für mich ein spannender Gamechanger. Dazu muss ich dir Pheobes Geschichte noch erzählen, denn das habe ich vorhin noch ausgelassen.

Pheobe begann von einem Tag auf den anderen, in die Wohnung zu pinkeln. Klar, bei den Veränderungen, die durch unser Leben rauschten, war das nicht verwunderlich. Ich sprach mit ihr und versuchte, sie dazu zu bewegen, dies doch zu lassen, immerhin pinkelt man doch nicht einfach in sein Zuhause. Ich nehme immer eine Portion Humor mit rein, auch wenn die Situation etwas anderes erwarten würde. Das hilft mir ungemein, mehr Leichtigkeit damit zu haben.

Ja, ich hatte Verständnis für diese Situation und dass sie damit nicht einverstanden war. Aber Lio wollte nun seinen eigenen Weg gehen und das konnte und wollte ich ihm nicht verwehren. Und wer denkt denn daran, dass die Katze dem Hund Vorschriften machen möchte?! Es war jetzt nun mal so wie es war.

Also habe ich mir einfach mal Luft verschafft und Klartext mit ihr gesprochen. Damals auch etwas aus der Emotion heraus, sagte ich genervt zu ihr: „Wenn du ausziehen möchtest, dann pinkel ruhig weiter in die Wohnung! Solltest du bleiben wollen, dann höre bitte damit auf, denn das funktioniert für mich nicht!" Immerhin war sie nicht die Einzige hier im Haus. Tja, das war ihr egal, sie machte munter damit weiter.
Irgendwann traf ich mich mit meiner Freundin Silke. Sie erzählte mir, dass sie gerne für ihre Tochter eine Katze hätte. Sie wollten aber kein Kitten mehr, sondern eine erwachsene Katze. Da sagte ich so scherzhaft zu ihr: „Na, du kannst meine haben." Das wars vorerst.

Als ich an diesem Tag nach Hause kam, gab es von Pheobe keine Pinkelspuren in der Wohnung und ich dachte mir: „Oh, es hat scheinbar gereicht, dass ich es bei einer Freundin ausgesprochen habe, dass sie auszieht. Sie hat aufgehört." Ich beobachtete die Situation weiter und nichts kam mehr. Silke fragte damals mal nach, wie der Stand bei uns so wäre und ob Pheobe jetzt ausziehen möchte oder doch bei uns bleibt.

Da sagte ich zu Pheobe: „Alles klar, du kannst natürlich bleiben, wenn du das möchtest." Denn für mich war es ja ein eindeutiges Zeichen, welches ich mit ihr ausgemacht hatte, dass sie mir geben kann. Pinkeln heißt *ich will gehen*, nicht pinkeln heißt *ich bleibe*.

Nun, was soll ich sagen: Nachdem ich Pheobe gesagt hatte, dass sie natürlich bei uns bleibt, wenn sie das möchte, da pinkelte sie prompt wieder rein. „Unglaublich", dachte ich, „das gibt's doch nicht".

Ich rief Silke an und sagte, wenn sie bereit wären - Pheobe wäre es. Wir vereinbarten vorerst eine „Probezeit", denn ich wusste ja noch nicht zu 100 Prozent, ob das alles stimmte, was ich da so „dachte". Du siehst, auch ich hatte zwischendurch meine Zweifel. So machte ich mich mit Pheobe auf den Weg in ihr neues Zuhause, erklärte es meinen Kindern. Denen fiel es natürlich leichter, denn sie wussten, sie würden Pheobe jederzeit, wenn sie wollen, sehen können, da sie ja bei unserer Freundin lebte. Das können sie übrigens auch heute noch. Und wie ich weiter oben schon erwähnt habe, war es für Pheobe beim Ankommen im neuen Zuhause so, als wäre sie schon immer da gewesen. Bei meiner Freundin in der Wohnung nutze sie tadellos ihr Katzenklo. Unglaublich, oder? Oder war es einfach Kommunikation mit dem Tier und der Energie folgen?

Der Energie folgen ist übrigens nichts Hochtrabendes. Es ist fast schon alltäglich, es fühlt sich leicht an, es gibt keinen Widerstand. Du bemerkst, wenn du der Energie folgst, dass alles fast wie von alleine geht. Warum sage ich fast? Nun, weil es manchmal auch ein bewusstes Zutun von uns Menschen braucht.

So, nun zurück zu deiner Übung und dem Fragen stellen.

Nachdem du deine Frage gestellt hast, nimm wahr, wie sich die Energie verändert. Nimm wahr, was du denkst, was du fühlst. Das ist schon die Botschaft. Spüre, wie sich dein Körper verändert, wenn du die Frage stellst, und lasse dir Zeit dabei.

Folge einfach den Spuren der Leichtigkeit. Immer, wenn es leichter wird, ist es der richtige Weg. Wenn sich in deinem Körper etwas zusammenzieht und schwer wird, dann musst du noch weitere Fragen stellen und schauen, in welche Richtung es weitergehen soll. Sieh es so, als würdest du Brotkrumen auf deinem Weg folgen. Wenn es sich leicht anfühlt, stimmt die Richtung.

Manchmal kann es sich auch weiter schwer anfühlen. Das kann an möglichen Begrenzungen in deinem System liegen. Diese Situation würde dann dein bewusstes Hinschauen und Transformation von dir verlangen.

Welche möglichen begrenzenden Gedanken könnten denn nun in dir auftauchen?
- „Das kann man doch nicht machen!"
- „Ich bin ein schlechter Mensch/Tierbesitzer!"
- „Ich mache es mir zu leicht!"
- „Was werden die anderen denken?"
- „Wie soll ich das alles schaffen?"
- „Wie erkläre ich das dem Rest meiner Familie, vor allem den Kindern?"
- „Ich habe die Verantwortung bis zum Tod meiner Tiere zu tragen!"
- „Ich bin gefühlskalt und herzlos!"

Welche Emotionen können plötzlich hochkommen und dich überschwemmen?
- Angst
- Schmerz
- Ohnmacht

- Hilflosigkeit
- Wut
- Schuldgefühle

Welche Gedanken es bei dir genau sein könnten und welche Emotion bei dir hochkommt, das kann ich dir nicht exakt voraussagen. Aber erlaube ihnen doch einfach, dass sie hier sein dürfen.

Gib ihnen den Raum und den Platz. Erst, wenn sie den Raum haben, dann werden sie dich nicht mehr begrenzen und du kannst dein Leben in Freude gestalten. Egal, welche Emotion hochkommt: Nimm dir die Zeit, sie ganz genau in deinem Körper zu beobachten. Vertraue deiner inneren Weisheit und erlaube deinen Emotionen, einfach hier zu sein.

Zieh dich an einen Ort zurück, an dem du ungestört bist und schreibe und beschreibe einfach unzensiert deine Emotionen. Lass alles auf ein Blatt Papier fließen. Schreibe es aus deinem Körper hinaus.

Diese Übung ist simpel, jedoch sehr effektiv. Frage dich auch während des Schreibens, ob du diese Emotion vielleicht schon aus einem anderen Lebensbereich von dir kennst. Vielleicht hängt dieser Bereich so überhaupt nicht mit der Situation mit deinem Tier zusammen. Ich habe festgestellt, dass sie sich immer in mehreren Bereichen zeigen.

Geh dann noch weiter zurück in deiner Vergangenheit und frage dich:
Woher genau kenne ich diese Emotion?
Wann habe ich sie das allererste Mal erlebt?
Was ist in dieser Situation passiert?

Vertraue wieder darauf, dass die Antwort, die in dir aufsteigt, die richtige ist.

Achtung: Ein „ich weiß es nicht", solltest du nicht akzeptieren. Das wäre wieder dein innerer Saboteur, der dich davon abhält, hinzuschauen und eine begrenzende Emotion zu befreien.

Im Anschluss, wenn du alles aufgeschrieben hast, was zum jetzigen Zeitpunkt da ist, verbrenne den Zettel an einem sicheren Ort. Fühle dabei, wie die begrenzende Emotion aus deinem Körper in die Erde fließt und du dich immer leichter und freier fühlst.

Wenn nötig, kannst du diese Übung öfter wiederholen. An einem Tag kann es sein, dass es sich frei anfühlt und am nächsten Tag ist plötzlich wieder etwas da. Das ist völlig normal.

Nun weißt du Bescheid. Du kannst dir selber Fragen stellen, damit du Klarheit über eure Situation hast und du kannst hochkommende Emotionen verändern, damit ihr diesen Schritt des Neubeginns in Leichtigkeit, Freude und gemeinsam gestärkt gehen könnt.

Und wer weiß: Vielleicht möchte dein Tier am Ende gar nicht mehr ausziehen, sondern es ging ihm nur darum, dass du deine begrenzenden Emotionen befreist?

Wie auch immer, ich wünsche dir und deinem Tier ganz viel Leichtigkeit mit diesem gesonderten Teil des Abschiednehmens.

Hier noch eine Botschaft, welche die Tiere mir für dieses Kapitel übermittelt haben:

Manchmal verändert sich das Leben unserer Besitzer so stark, dass wir spüren, dass wir auch noch an einer anderen Stelle gebraucht werden. Das Leben der Menschen ist oft ein Auf und Ab und wir geben Stabilität. Sogar, wenn wir entschieden haben, sie zu verlassen, weil das in dieser Situation der größte Beitrag für alle Beteiligten ist. Gehe in Co-Kreation mit uns, lass uns mitreden und mitentscheiden. Dann ergibt sich alles wie von selbst.

Kennst du die Stärke der Tierheimhunde?

von Regina Kubik

Nun bin ich schon gut 3 Jahre im Tierheim als Gassi-Gänger unterwegs und es ist mir einfach ein Herzenswunsch, meine Erlebnisse mit den wunderbaren Tierheimhunden in die Welt zu bringen. Ich freue mich so sehr darüber, dass ich nun tatsächlich die Möglichkeit bekommen soll, diesen Wunsch umsetzen zu dürfen – vielen Dank schon einmal dafür!

Tja, wo fange ich an...hätte mir einer vor vielleicht noch 5 oder 6 Jahren gesagt, dass ich irgendwann einmal mit Tierheimhunden spazieren gehe und sie dann wieder ins Tierheim zurückbringe, hätte ich wahrscheinlich bitter gelacht und gesagt: „Niemals!!! Es bricht mir das Herz, wenn ich dort hineingehe und keinen der ‚armen‘ Hunde mit nach Hause nehmen kann. Das kann ich einfach nicht."

Wie man sich doch täuschen kann!

Im Januar 2019 habe ich das erste Mal von einem Gassigänger-Seminar in einem Tierheim gelesen. Das fand ich damals sehr interessant, also habe ich mich spontan angemeldet. Mit einem mulmigen Gefühl im Bauch machte ich mich auf den Weg ins Tierheim. Der Abend war sehr informativ, tat gar nicht weh und nach dem Seminar war ich stolze Besitzerin eines Gassigänger-Ausweises.
Das war mein Einstieg in die Welt der Tierheimhunde. Es hätte mir nichts Besseres passieren können.

Nun möchte ich dir ein wenig von meinen Schützlingen erzählen. Sie schenken mir so viele schöne Stunden, die mein Leben so sehr bereichern, dass ich dies gerne an dich weitergeben möchte. Ich denke immer wieder, wie wundervoll und inspirierend es ist, diesen süßen Fellnasen meine Zeit zu schenken, denn sie geben mir so viel zurück, was man kaum in Worten ausdrücken kann. Ein für mich ganz wichtiger Punkt ist, dass sie mich lehren, bei MIR zu bleiben, egal was andere Menschen über mich denken und <u>meine</u> Stärken erst einmal überhaupt wahrzunehmen und wertzuschätzen. Viele Hunde verbringen einige Monate, wenn nicht sogar Jahre, im Tierheim, bis sie ein neues Zuhause bekommen. Manche sterben leider auch im Tierheim.

Ich möchte dir einige meiner so wundervollen Wegbegleiter vorstellen, denn diese Hunde sind nicht so arm wie ich anfangs dachte, nein, diese Hunde strahlen für mich eine gewisse Stärke und Würde aus. Aber lies doch selbst:

Letty, Schäferhund-Labrador-Mix (7 Jahre) – eine liebe heilende Seele

Letty lebt nun schon seit knapp 5 Jahren im Tierheim, sie ist für mich tatsächlich mein Seelenhund. Hätten wir Zuhause keine Katze, wäre sie bei uns schon längst eingezogen, doch Letty kommt mit Katzen überhaupt nicht klar. Auch Kinder mag sie nicht sonderlich gerne, die sind ihr einfach zu wuselig. Sie mag es ruhig und ist gerne immer dabei, liebt es im Mittelpunkt zu stehen.

Sie trägt bei den Spaziergängen einen Maulkorb, da sie bei Hundebegegnungen zu Übersprungshandlungen neigt. Das heißt, wenn uns z.B. ein Hund entgegenkommt und sie diesen nicht mag, dass sie mir spontan ins Bein beißen könnte. Das geschieht dann aus Frust, da sie natürlich an der Leine keinen Zoff bei dem anderen Hund starten kann. So what.

Ich gehe nun schon ca. zweieinhalb Jahre mit Letty und sie entspannt immer mehr. Es kommt kaum noch zu stressigen Begegnungen. Wichtig ist, dass ich bei Hundebegegnungen selber entspannt und bei MIR bleibe, dann klappt es immer sehr gut.

Danach wird ordentlich gelobt.

Bin ich einmal nicht entspannt oder mit den Gedanken nicht beim Hund, zeigt es mir Letty ziemlich deutlich, dafür bin ich ihr immer sehr dankbar. Dann kann es passieren, dass es zu den oben genannten Übersprungshandlungen kommt. Ich lerne bei ihr, im Hier und Jetzt zu sein. Einfach mal beim Spaziergang im Wald anzukommen, die Natur zu genießen, mal Lettys vorgeschlagener Richtung mitten in den Wald zu folgen, in der Hoffnung keine menschlichen Hinterlassenschaften zu entdecken, die Letty leider zum Fressen gern hat.

Sie liebt Nasenarbeit und kann Ewigkeiten mit mir auf einer Wiese die Sonne genießen, dann tauchen wir beide ab und können entspannen. Letty erholt sich vom Tierheimstress und ich mich vom Alltagsstress, das tut uns beiden richtig gut.

Es ist so erstaunlich, was Letty für eine Lebensfreude hat, obwohl sie doch schon so viele Jahre im Tierheim leben muss. Ich bewundere sie so sehr dafür, was für eine Stärke sie doch hat. Wenn es mir mal nicht so gut geht, denke ich an Letty und schon geht es mir besser.

Joker, Pitbull-Bullterrier-Mix (3 Jahre) – vom Balljunkie zum Treibball-Profi

Joker ist ein wunderschöner, sehr schlauer Hund, mit einer sehr kurzen „Zündschnur". Aus diesem Grund trägt auch er einen Maulkorb, zur Sicherheit für Mensch und Hund. Zuviel Nähe vom Menschen mag er nicht und Geduld ist so gar nicht seine Stärke... Oh, wie kommt mir das alles bekannt vor. Ich erkenne sehr viele Eigenschaften von mir in diesem sehr eleganten Wesen wieder.

Naja, mir fehlt vielleicht ein wenig die Eleganz, aber das ist ok für mich. Dafür hat Joker umso mehr davon. Es ist eine wahre Freude, dem Hund beim Spaziergang mit der Schleppleine zuzuschauen, wie graziös und geschickt er damit umgeht. Durch elegantes Hin- und Herspringen mit seinen Hinterbeinen verheddert er sich niemals in dieser Leine, beachtet Gestrüpp und

Bäume, bewundernswert! Dieses Phänomen habe ich noch bei keinem anderen Hund gesehen.

Bei Hundebegegnungen ist Joker meist sehr entspannt, lässt sich nur hin und wieder von anderen Hunden kurz anstecken.

Je öfter ich mit Joker gehe, umso mehr Vertrauen schenkt er mir. Und er macht seinem Namen alle Ehre, ich muss so oft über ihn lachen. Er benimmt sich oftmals wie ein kleiner Clown, man muss ihn einfach mögen. Ich merke, dass er sehr gerne mit mir arbeiten möchte, so machen wir viel Nasenarbeit und Suchspiele. Leider können wir hier nicht ganz so kreativ sein, da sein Maulkorb ihn doch ein wenig einschränkt. Er möchte irgendwie noch mehr gefordert werden.

Joker liebt Bälle. Mir wurde vom Tierheimpersonal berichtet, dass er durch und durch ein Balljunkie sei. Ich überlegte, wie ich daraus etwas Positives für ihn gestalten kann, da kam mir eine Idee. Ich hatte vor einiger Zeit mal was über Treibball gelesen. Ich besorgte mir einen kleineren blauen Gymnastikball und nahm Joker mit auf das Trainingsgelände des Tierheimes, den Gymnastikball legte ich erst einmal hinter den Zaun. Das klappte sehr gut, er zeigte überhaupt kein Interesse an diesem Ball. Als Nächstes nahm ich den großen Ball mit auf das Gelände, auch das klappte prima. Nun bewegte ich den Ball ab und an, worauf Joker leicht reagierte, ich ihn aber sofort wieder in die Ruhe bekam. *Perfekt*, dachte ich.

Auf dem Tierheimgelände kam 1x wöchentlich eine Hundeschule zu Besuch. Alle Tierheimhunde durften hier unentgeltlich teilnehmen, das war unsere Chance. Ich fragte die Hundetrainerin, ob ich mit Joker an der Treibballstunde teilnehmen dürfte. Ihre Reaktion war eher verhalten: „Joker ist ein Balljunkie und er würde sehr viel Unruhe in die Hundegruppe bringen". Ich war enttäuscht und bat sie, es zumindest mal auszuprobieren und erzählte ihr von unserem Balltraining. Ich konnte sie zum Glück überzeugen und wir zeigten ihr ein paar Übungen, die Joker souverän ausführte und sie war sehr angetan und begeistert.

„Das hätte ich nicht gedacht", meinte sie und ich war mächtig stolz auf Joker, was er sehr genoss, denn seine Augen strahlten mich an. Ich war überglücklich, wir durften nun an den Treibballstunden teilnehmen.

Dass ich an Joker geglaubt habe, hat er mir mit totaler Loyalität und innigem Vertrauen zu mir gedankt. Er konnte sich in der Hundegruppe super unterordnen. Er war zwar sehr aufgeregt, konnte seinen Einsatz kaum abwarten, dennoch hat er alles super gemeistert. Für mich war er der Beste von allen. Während des Trainings blühte Joker förmlich auf. Am Ende der Stunde gab es noch ein wenig Freilauf für alle Hunde und Joker durfte ohne Maulkorb mitlaufen. Was ich dann sehen durfte, war so schön: Ich sah einen Hund, der ganz entspannt und sehr souverän mit anderen Hunden kommunizierte. Vergessen waren der Stress im

Tierheim, die Langeweile in seinem Zimmer und auch seine Ungeduld.

Ich wünschte mir so sehr, dass dieser schlaue Hund bald ein schönes Zuhause bekommt, Mein Wunsch wurde erfüllt. Im Oktober 2020 wurde Joker tatsächlich an eine junge Frau vermittelt.

Kisa, Schäferhund-Mix (1 Jahr) – pure Lebensfreude und Energie, die ansteckt

Eines nachmittags meinte Christina, eine Tierpflegerin aus dem Tierheim, zu mir: „Du, Regina, ich habe da eine Idee, komm' mal mit...". Wir gingen durch das Hundehaus und blieben vor einem Hundezimmer stehen - was ich dann durch die Glasscheibe der Tür sah, gab mir einen Stich voll ins Herz! Ich sah dort eine wunderschöne einjährige Schäferhündin, die wie ein Flummi wild durch das große Zimmer sprang. Je länger wir dort standen, umso schlimmer und lauter wurden ihre „Hilferufe"! Nein, was für ein trauriger Anblick.
„Traust du dir einen Spaziergang mit diesem Hund zu?" Ohne großartig nachzudenken, hörte ich ein lautes „JA" aus meinem Munde und musste schlucken. „Na klar!" Ich wollte dieser hübschen Fellnase einfach nur helfen. „Okay, dann gehst du morgen mit Kisa", hörte ich Christina nur noch freudig sagen... na dann.

Gestärkt und total motiviert nahm ich nächsten Morgen Kisa in Empfang. Christina hat die kleine wilde Hummel dreifach abgesichert, Geschirr, Halsband und Retriever-Leine. Ahh jaa...nur zur Sicherheit, meinte Christina, hmm. Wir beide, der „kleine" Kraftprotz und ich, stolperten dann auch gleich aus dem Hundehaus heraus - in die Freiheit. Kisa voran, ich flog hinterher. „Na, das kann ja heiter werden", dachte ich so.

Irgendwie sind wir dann tatsächlich auf einer etwas größeren Wiese angekommen, auf der noch andere Hunde in weiter Ferne tobten. Kisa schrie sich die Lunge aus dem Hals, riss wie ein Stier an den Leinen und meine Arme schmerzten jetzt schon so sehr. Dass Kisa bisher keine Außenreize in ihrem noch so jungen Leben kennenlernen durfte, war deutlich zu spüren. Ich hatte das Gefühl, wir wurden von Hunden umzingelt. Kisa versuchte ständig rückwärts aus dem Geschirr zu rutschen, was ihr mit Sicherheit schon einmal gelungen sein muss, denn sie gab nicht auf!

„So geht es nicht", dachte ich, „wir müssen sofort zurück". Das haben wir dann auch ohne weitere Zwischenfälle geschafft.

Ziemlich traurig fuhr ich an diesem Tag nach Hause, Tränen kamen mir hoch. Wie konnte ich dieser kranken Seele nur helfen.

Ich schmiedete einen Plan. Ab jetzt haben wir erst einmal nur auf dem Trainingsgelände des Tierheimes trainiert. Wir lernten uns erst einmal richtig kennen. Zur Hilfe kam mir dafür ein Ball, denn auch Kisa war ein kleiner Balljunkie. Mit Leckerlis ging bei ihr gar nichts. Über den Ball habe ich durch viele **ruhige** Übungen Kisas Vertrauen gewonnen, was für ein schönes Gefühl. Nach unserer „Arbeit" bot ich ihr immer auch Ruhephasen an. Ich setzte mich einfach ins Gras und stellte mir vor, wie Kisa sich von ganz allein ebenfalls ins Gras legte. So konnte ich Kisa gedanklich in die Ruhe schicken. Es funktionierte und es tat ihr so gut. Sie lag einfach ganz entspannt im Gras und lauschte den Geräuschen. Was für eine Freude.
Nun wagten wir uns in kleinen Schritten wieder nach draußen.

Das Training hatte Erfolg, manchmal gab es Rückschläge, es genügte mitunter schon eine kleine Schar von Sperlingen, die aus einer Hecke flog, aber das hat uns nicht entmutigt weiter zu üben. Ich versuchte immer öfter sie so zu akzeptieren wie sie eben ist. Das war für mich ein großer Lernprozess, doch Kisa hat es mir gedankt, indem sie mir immer mehr vertraute. Manche Hundebegegnungen klappten schon richtig gut. Inzwischen brauchten wir den Ball nicht mehr, ich konnte sie mit Leckerlis belohnen.

So langsam kam das wahre Wesen von Kisa zum Vorschein. Auf einmal zeigte sich da ein Hund mit so einer wunderschönen Energie, die nur so aus ihr heraussprühte. Was für strahlende Augen dieser Prachthund doch hat!

Nach gut einem Jahr Aufenthalt im Tierheim meldeten sich endlich ganz liebe Menschen, die Kisa gerne kennenlernen wollten. Was für ein großes Glück für diesen wunderbaren Hund, es passte alles so verdammt gut. Kisa hat jetzt einen treuen Kumpel an ihrer Seite, einen Schäferhund-Mix mit dem Namen Lucky. Na, was kann denn da noch schiefgehen. Ende Februar 2021 zog Kisa dann aus.

Blanca, Mix aus Bulgarien (10 Jahre) - Angsthund mit ganz viel Stärke und Feingefühl

Jetzt möchte ich dir gerne von Blanca erzählen, eine sehr ängstliche Mischlingshündin, dessen Besitzerin schwer erkrankt ist. Als ich Blanca das erste Mal gesehen habe, spürte ich so unendlich viel Traurigkeit in dieser Hündin und ich habe mir vorgenommen, ihr ganz besonders schöne Stunden zu schenken.

„Mal sehen, ob du kleine Maus überhaupt mit mir gehst," hörte ich mich sagen, denn Blanca guckte mich mit ihren ängstlichen und traurigen Augen kaum an. Ich bot ihr leckere Hundewurst vom Metzger an, der so leicht kein Hund widerstehen kann – und siehe da, die wurde ratzfatz weggeputzt. „Prima, du kleine Mutige".

Wir nahmen auf den ersten Metern unseres Ausflugs eine Tierpflegerin mit, sodass sie sich langsam an mich gewöhnen durfte. Ab und an musste ich sehr kreativ sein, damit wir auf unseren gemeinsamen Wegen nach vorne weiterlaufen konnten. Sie brauchte sehr viel Schutz und Sicherheit von mir. Ihr das zu geben, fiel mir erstaunlicherweise sehr leicht.

An einem Mittwochvormittag traf ich die Hundetrainerin, die dort im Tierheim ehrenamtlich tätig ist. Sie fragte mich, wie ich denn so mit Blanca zurechtkäme, da sie in ihrem Zimmer die Pfleger ab und an anknurrt und auch nach ihnen schnappt. Ich war echt geschockt. Ich erkannte Blanca in ihrer Beschreibung kaum wieder. Ich konnte von ihr wirklich nur Positives berichten. Blanca hat sich in der kurzen Zeit, die wir bisher miteinander verbringen durften, so gut entwickelt. Sie hat mich weder angeknurrt, noch hat sie jemals nach mir geschnappt. Ganz im Gegenteil, sobald ich sie abholte und sie mich sah, hat sie sich so sehr gefreut. Das war so schön anzusehen, war sie doch vor ein paar Wochen noch so ängstlich und traurig.

Die Hundetrainerin war so angetan und meinte freudig: „Das hört sich so gut an. Ich glaube, ich habe da eine ganz tolle Interessentin für diesen sensiblen Hund". Sie überzeugte sich noch einmal selbst von meinen Erzählungen und konnte alles nur bestätigen.

Die neue Interessentin von Blanca hat Erfahrungen mit älteren Hunden. Sie hat schon einige ältere Tierschutzhunde aus dem Tierheim bei sich aufgenommen. Ihre letzte gerettete Hundeseele ging vor ein paar Monaten über die Regenbogenbrücke und nun wollte sie einem älteren Hund wieder ein neues Zuhause schenken. Was für ein großes Glück für Blanca.

So verabredeten wir uns beide und gingen einige Male gemeinsam mit der süßen Fellnase spazieren. Die beiden passten so gut zusammen, es war eine Wohltat zu sehen, wie Blanca auch zu ihr so schnell Vertrauen aufbaute.

Dann war es endlich soweit: Blanca durfte nach schon 4 Monaten aus dem Tierheim ausziehen, der kleine Glückpilz. Ich durfte Blanca am Abholungstag in ihr neues Zuhause begleiten, was mich sehr geehrt hat. Sie ist in ein wahres Paradies gezogen und sie hat ab jetzt einen kleinen Mischlingshund an ihrer Seite.

Ich habe weiterhin Kontakt über Telefon mit der neuen Besitzerin und sie berichtet, dass Blanca inzwischen sogar einige Stunden mit ihrem Hundekumpel allein bleiben kann, ohne ihren

Menschen.

Ich nehme am Anfang ganz oft Kontakt (energetisch) zu Blanca auf und schicke ihr Vertrauen, Sicherheit und Liebe. Sie nimmt es dankbar an. Außerdem erfahre ich, dass Blanca in ihrem neuen Zuhause den Ton angibt. Was für eine schöne Rückmeldung. Hinter diesem ängstlichen Hund versteckt sich doch tatsächlich ein Leithund.

Alfi, Bullterrier-Mix (4 Monate) - Glück im Unglück und so tapfer

Alfi hat ganz viel Glück im Unglück gehabt, denn er wurde als kleiner Welpe gemeinsam mit einem Malteserwelpen vom Zoll in einem Lieferwagen entdeckt und dann ins Tierheim gebracht.

Als ich dieses kleine zarte Seelchen zum ersten Mal sah, ging mir das Herz auf. Dieser kleine tapfere Kerl war so ein fröhlicher, schlauer und lernwilliger Hund, der alle vorhandenen Beschützerinstinkte in mir weckte. Bei Alfi fiel es mir ganz besonders schwer, ihn nach den Spaziergängen wieder im Tierheim abzugeben. Ich überlegte wieder einmal, den Hund bei mir aufzunehmen. Aber was passiert dann mit all den anderen Hunden im Tierheim, für die ich dann ja keine Zeit mehr hätte...

Alfi brauchte ganz viel Sicherheit von mir, er sollte auf keinen Fall schlechte Erfahrungen mit anderen Hunden machen. Mir war sehr wichtig, dass er entspannt auf Menschen und Tiere zugeht. Leider konnte ich immer mal wieder in den Gesichtern einiger Menschen lesen, was sie so dachten, beim Anblick des kleinen Alfis. „Wieder so ein Kampfhund, bah...". Zum Glück gibt es noch unvoreingenommene Menschen, die Alfi einfach nur als süßen, kleinen und unschuldigen Junghund gesehen haben. Diese Menschen haben Alfi, und auch mir, sehr geholfen, weiterhin entspannt durchs Leben zu gehen.

Das liebe ich so sehr an Tieren: Sie bewerten nicht, nehmen dich so an wie du eben bist, ganz einfach so, hinterfragen nichts, haben keine schlechten Gedanken, ver-urteilen nicht. Alfi ist sehr sensibel und spürt, wer ihn mag und wer nicht. Obwohl er noch so klein ist, knurrt er *bestimmte* Menschen, die ihm zu nahekommen, an. Cool, wie ich finde, so klein und dennoch zeigt er ganz klar und ehrlich, was er fühlt. Hunde sind wunderbar authentisch.

Je länger ich mit ihm spazieren gehe, umso mehr möchte er mich vor unsympathischen Personen beschützen. Ich bedanke mich dann bei ihm und sage ihm, dass ich das ganz gut alleine kann. Ich merke, wie eine Last von der kleinen Fellnase weicht und er wieder zum verspielten Junghund wird, das tut uns beiden sehr gut.

Es gab für uns einen ganz bestimmten Platz, an dem ich die normale Leine durch eine Schleppleine ersetzt habe und dort hat er dann auch immer einen kleinen „Snack" bekommen – das war jedes Mal ein schöner Start ins neue Abenteuer. Dieser Platz war irgendwann mal von einem Liebespärchen besetzt und er war richtig sauer, dass die beiden auf „unserem" Platz saßen und hat die beiden so richtig dolle „ausgeschimpft"! Nachdem ich Alfi beruhigen konnte, habe ich den beiden seine „tadelnden Hundeworte" übersetzt und sie mussten schmunzeln und waren so sehr gerührt, dass sie für den kleinen Fratz tatsächlich den Platz frei gemacht hätten. Wir haben dann aber drauf verzichtet und uns einen anderen Platz gesucht, aber vielen Dank noch einmal ihr zwei :-).

Eines nachmittags pflückte ich mir wilde Brombeeren, wobei Alfi mich sehr genau beobachtete. Die Beeren teilten wir natürlich brüderlich. Einen Tag später pflückte ich mir erneut saftige Brombeeren und rate mal, was Alfi vor meinen Füßen tat... ganz genau, er pflückte sich am Strauch seine *eigenen* Brombeeren, mit seiner kleinen dicken Schnauze. Nein, was für ein süßer Anblick. Wie schlau Alfi doch ist, pflückt sich ganz alleine seine Brombeeren.

Dieser noch so junge Hund hat sehr schnell gespürt, dass es eine Wohltat ist, in die Ruhe zu kommen. Ich konnte erkennen, dass meine innere Grundstimmung sofort auf den kleinen Hund überschwappte. Er zeigte mir mit seinem Verhalten sehr schnell, wie es aktuell in mir aussah.

Alfi hat inzwischen ein sehr schönes Zuhause bekommen, bei jungen sportlichen Menschen, die ihm ganz viel Liebe schenken und die ihn so fordern, dass er abends entspannt das Erlebte in seinen schönen Träumen verarbeiten kann.

Balou, Pitbull-Mix (5 Jahre) – kraftvoll und sanftmütig zugleich

Balou ist seit 10 Monaten im Tierheim und er ist an der Leine noch sehr unverträglich mit anderen Hunden. An Balous Seite lerne ich gerade, dass es mir **wirklich** egal sein kann, was andere Leute über uns denken. Das ist ein Lernprozess, der bei mir etwas andauert. Ich bin jedoch auf dem besten Wege.
Sehr dankbar bin ich dafür, dass ich schon so viele wertvolle Erfahrungen mit anderen Hunden **vor** Balou sammeln durfte, die mir bei diesem kleinen Prachtkerl sehr helfen.

Dieser Hund wurde nach einer Beißattacke schweren Herzens im Tierheim abgegeben. Er ist ein sehr unsicherer Hund, was sich durch starkes Bellen und Zerren an der Leine bei Hundebegegnungen zeigt. Im Freilauf dagegen beweist er sehr gutes Sozialverhalten und geht respektvoll mit anderen Hunden um. Äußerst unsicher reagiert Balou auf fremde Menschen und fordert einen gewissen Abstand, z. B. durch Knurren oder Zähne fletschen, ein. Wird sein Warnen vom Menschen nicht akzeptiert, so würde er ganz sicher zuschnappen. Zuviel Nähe ist ihm einfach nicht geheuer, er ist eben kein Kuschelhund. Das sollte man nun einmal respektieren, wie ich finde.

Balou ist ein hübscher Hund, dennoch ist deutlich zu erkennen, welche Rasse tatsächlich in dem kleinen Kerl steckt. Er sieht nun einmal aus, wie er aussieht (entschuldige bitte Balou, ist nicht böse gemeint!).

Von weitem erkennt man schon am Blick einiger Spaziergänger, was sie denken und sie nehmen ihren Vierbeiner dann doch lieber bereits 200 Meter vor uns auf den Arm. Dann begegnen uns Menschen, die sich nach unserer manchmal lautstarken Begegnung noch gefühlt 50x umdrehen, als wären wir vom anderen Stern. Balou braucht in solchen Momenten ganz stark meine Präsenz und ich schicke ihm zusätzlich friedvolle Gedanken, sodass wir entspannt weitergehen können – auf zur nächsten Hundebegegnung.

Immer wieder treffen wir allerdings auf ganz tolle Menschen, die uns unterstützen und ein wenig mit uns üben, sodass wir, wenn es gut läuft, lautlos aneinander vorbei gehen können. Er bekommt dann ganz viel Lob von mir, was er sehr genießt.

Wir beide haben schon so viel gemeistert. Das Autofahren klappt z.B. inzwischen so klasse. Er springt von ganz allein ins Auto, das war am Anfang nicht möglich. Während der Autofahrt hört man nur noch vereinzelt ein leises Fiepen, das wohl eher vor Aufregung und Vorfreude aus dem kleinen Kraftprotz herauskommt. Auf dem Rückweg schafft er es tatsächlich schon, sich im Auto hinzulegen, ein so schöner Erfolg. Dieser wunderbare Hund bringt mir bei, an meine Ziele zu glauben, nicht aufzugeben. Es geht immer weiter und das meist positiv.

Da Balou sehr wuselig ist und manchmal schwer in die Ruhe kommt, setze oder stelle ich mich bei Waldspaziergängen manchmal einfach nur hin, bin ganz ruhig und versuche ganz bei MIR zu sein. Balou guckt mich mitunter an, als ob ich eine „Meise" hätte. Ich versuche auf diesem Wege, ihn mit in meine Ruhe zu nehmen, was mir oft gelingt. Die ersten Minuten fiept Balou ab und an, aber irgendwann kommt auch er zur Ruhe und legt sich mit einem lauten Seufzer neben mich. Das ist ein sehr schöner Moment. Nach ca. 10 Minuten „taue" ich dann wieder auf und Balou fordert sehr intensiv Streicheleinheiten von mir ein, obwohl er kein Dauerkuschler ist. Das finde ich sehr interessant. Nach diesen Ruhepausen werden unsere Spaziergänge immer entspannter.

Auch seinen doch sehr ausgeprägten Jagdtrieb bekommen wir mit dieser Technik ganz gut in den Griff. Es kommt mitunter vor, dass wir Rehe, Feldhasen und Fasane aufscheuchen. Wir haben tatsächlich auch mal einen Bussard überrascht, dem Balou sehr gerne hinterher „geflogen" wäre. Auch Eichhörnchen möchte er am liebsten bis in die Baumkrone verfolgen. Solche Situationen fordern mich schon sehr. Hier hilft dann wirklich ruhig zu bleiben. Es ist sehr wichtig, NICHT in die aufgewühlte Energie des Hundes einzusteigen, sondern bei SICH zu bleiben. Kommt Balou wieder mehr in die Ruhe, wird dies von mir mit interessanter Nasenarbeit auf dem Feld oder im Wald belohnt.

Balou holt mich immer wieder sehr schnell ins Hier und Jetzt zurück. Bei diesem kleinen Prachtkerl ist es besonders wichtig, den Kontakt zum Hund zu halten. Streife ich ab, tja, dann stupst mich Balou ganz schnell wieder auf den richtigen Pfad. Er wird unruhig, wechselt ständig die Seiten, zieht an der Leine und reagiert auf Außenreize sehr viel heftiger.

Ich spüre, dass es Balou sehr guttut, wenn ich in den nicht so angenehmen Hundebegegnungen zu ihm halte, sein Verhalten mir nicht peinlich ist, ich entspannt an seiner Seite bleibe und ihm danach friedvolle Gedanken sende.
Ich wünsche Balou liebevolle und hundeerfahrene Menschen, die ihm viel Liebe und Sicherheit geben und bei denen er endlich ankommen kann.

Fazit:

Wie du nun selbst gelesen hast, erlebe ich viele schöne Momente im Tierheim, die ich auf keinen Fall missen möchte.
Ich bin den Tierschutzhunden für unsere gemeinsame Zeit unendlich dankbar. Okay, das Abschied nehmen schmerzt schon ein wenig, für mich überwiegt allerdings die so wertvolle „Vorar-

beit" im Tierheim. An der Seite dieser wunderbaren Hunde bin ich ein ganzes Stück gewachsen. Hunde sind so unverfälscht, das schätze ich an ihnen. Und auch ich verstelle mich ihnen gegenüber nicht. So können die Hunde mich gut lesen und vertrauen mir. Sie haben mir beigebracht, auf *meine* Intuition zu hören, auch wenn andere Menschen dem nicht zustimmen.

Ich wünsche diesen wunderbaren Fellnasen weiterhin ganz viel Kraft und ein liebevolles Für-Immer-Zuhause, sie haben es so verdient. Schön, dass es euch gibt!

Meine Botschaft an dich:

Schau doch einfach mal in einem Tierheim in deiner Nähe vorbei. Es besteht sicherlich auch dort die Möglichkeit, ein Gassi-Gänger-Seminar zu besuchen. Deine Hilfe dort wird immer gebraucht, denn auch das Tierheimpersonal wird es dir danken. Schau einfach mal vorbei, trau dich! Es bringt so viel Spaß, in Begleitung eines Hundes durch die Natur zu gehen, einfach mal ausprobieren. Schenkst du Tierheimhunden deine ganze Aufmerksamkeit, schenken sie dir ihre ganze Liebe.

Vielleicht möchtest du sogar einem Tierschutzhund ein neues Zuhause schenken und findest dort deinen Weggefährten. Durch die Unterstützung des Tierheimpersonals hast du die Chance, ganz langsam eine innige Beziehung zu *deinem* Hund aufzubauen.

Was wäre, wenn keine Hundeseele mehr leiden müsste? Ein schöner Gedanke, oder?! Was könntest du dazu beitragen?

Ruheübung für dich & dein Tier

Nun möchte ich dir noch eine kleine Übung mit an die Hand geben, die ich mit den Tierheimhunden gemacht habe, um ihnen Ruhe zu vermitteln. Vielleicht hast du Lust, sie für dich und dein

Tier (egal, ob aus dem Tierschutz oder nicht) auszuprobieren:

Ich möchte dich gerne zu einem Spaziergang durch den Wald, über Felder oder am Wasser einladen – vielleicht erst einmal ganz allein, ohne Tier. Hast du ein schönes und ruhiges Plätzchen gefunden, stelle oder setze dich ganz entspannt hin. Sei ganz bei dir und komme innerlich zur Ruhe, atme ganz tief ein und langsam wieder aus. Spüre deinen Körper. Versuche beim Ausatmen dich immer mehr auszudehnen, du wirst ganz weit. Lausche den Geräuschen um dich herum und entspanne immer mehr, atme langsam, ein und aus. Versuche deine Gedanken und Erwartungen durch deinen Körper über die Füße in die Erde abfließen zu lassen oder sie wie Wolken einfach weiter ziehen zu lassen.

Hast du ein Tier an deiner Seite, kannst du es mit in „deine Ruhe" einladen und dich so mit deinem Tier verbinden. Tiere brauchen keine Worte, sie nutzen eine andere „Sprache", sie sind Meister im Fühlen. Lässt du deine Gedanken los und bist einfach nur da, in deiner Ruhe, verbindest du dich mental mit deinem Tier. Dein Tier spürt dich.

Genieße diesen Moment und beobachte dein Tier, wie es auch langsam entspannt. Vielleicht schüttelt es sich, gähnt oder legt sich mit einem tiefen Seufzer hin, möglicherweise fallen ihm sogar die Augen zu, weil es sich so sehr entspannen kann. Du gibst dem Tier sehr viel Sicherheit und es kommt – genau wie du – innerlich zur Ruhe.

✻ Im Onlinebereich findest du zu dieser Übung ein Audio.

Natürlich bedarf es ein wenig Übung. Ich empfehle dir, diese „Ruheübung" erst einmal ganz alleine, nur für dich, durchzuführen. Bist du etwas geübter darin, dann lade dein Tier in deinen stillen Raum mit ein. Sei ohne Erwartung, genieße einfach nur die entspannte Verbindung zu deinem Tier.

Ich wünsche dir...

...ganz viel Freude und Zufriedenheit auf deinem Weg. Wer weiß, vielleicht ist da irgendwann ein treuer Tierschutzhund an deiner Seite – mit ganz viel Lebensfreude und Energie.

Bereich 4: Die Beziehung zu deinem Tier

Keine Antwort ist auch eine Antwort: Die Botschaft hinter dem Schweigen deines Tiers

von Lara Pauly

Liebe Lara,

zwei Mal habe ich versucht, mit deiner Stute Hjoerdis Kontakt aufzunehmen und ihr deine Fragen zu stellen. Leider wollte sich Hjoerdis mir nicht öffnen. So etwas ist zwar selten, kommt aber durchaus vor – meist bei traumatisierten Tieren.

Es tut mir Leid, dass ich dir in Bezug auf deine Fragen an Hjoerdis nicht weiterhelfen konnte. Selbstverständlich werde ich dafür nichts berechnen. Ich wünsche euch alles Gute!

Als ich diese Nachricht las, war ich zutiefst berührt. Es war das erste Mal gewesen, dass ich eine professionelle Tierkommunikatorin damit beauftragt hatte, mit meinem Pony Kontakt aufzunehmen. Und es waren zwei Fragen gewesen, die ich an Hjoerdis stellen wollte:

1. Möchtest du wieder geritten werden?
2. Fühlst du dich wohl im Stall und in deiner neuen Herde oder möchtest du lieber in einen anderen Stall umziehen?

Ehrlich gesagt war ich mir im Vorfeld gar nicht so sicher gewesen, ob Tierkommunikation wirklich funktionieren sollte. Aber in meinen angestrengten Bemühungen, auf jeden Fall alles richtig für mein Tier zu machen, war es zumindest einen Versuch wert, es einmal auszuprobieren. Und das Ergebnis brachte mir zumindest in einem Punkt Klarheit: Irgendwie schien diese Sache mit der Tierkommunikation wirklich zu funktionieren.

Ich hatte zwar keine Ahnung, wie; aber warum hätte sich die

Tierkommunikatorin das Geld, das ich bereit war zu zahlen, einfach so entgehen lassen sollen? Da hätte sie sich ja genau so gut einfach irgendetwas ausdenken können und mich dafür bezahlen lassen…

Was mich an der Rückmeldung aber noch viel mehr bewegte, waren folgende Gedanken:

Das, was die Tierkommunikatorin mir geschrieben hatte, passte so perfekt zu meinem Pony. Auch wenn da kein einziges richtiges „Wort" von Hjoerdis stand, wusste ich sofort: JA, das ist zu 100 % mein Pferd! Es fühlte sich so stimmig an, dass sie sich für die Tierkommunikatorin nicht geöffnet hatte.

Ich war zwar bis dahin nie auf den Gedanken gekommen, dass Hjoerdis traumatisiert sein könnte, und auch jetzt war ich mir sicher, dass sie nicht zu den Fällen gehörte, in denen das Nicht-Kommunizieren des Tieres auf ein Trauma zurückzuführen ist.

Vielmehr war es ihre selbstbewusste Art, mit der sie zu manchen Menschen einfach "Nein" sagte, wenn ihr gerade irgendetwas nicht passte. Das tat sie niemals unfreundlich, aber immer klar und deutlich.

So hatten beispielsweise Männer grundsätzlich keine Chance, sie einzufangen, wenn Hjoerdis nicht freiwillig auf sie zukam. Und auch bei mir war es schon vorgekommen, dass sie sich demonstrativ umdrehte, als sie mich sah, und fröhlich furzend entspannten Schrittes davon marschierte. Also ja, irgendetwas schien Hjoerdis entweder an der Tierkommunikatorin oder einfach allgemein an der Situation nicht gefallen zu haben, sodass sie sich einfach ausgeklinkt hatte aus der Kommunikation.

Nun stand ich wieder alleine da mit meinen Fragen. So viel Hoffnung auf Antworten hatte ich in die Tierkommunikation gelegt. Aber jetzt fühlte ich mich genauso unwissend wie zuvor.

Während ich heute über Hjoerdis Art und Weise der Kommunikation nur lachen kann, war mir damals eher zum Heulen zumute. Das Feedback der vermeintlich „misslungenen" Kommunikation stellte mich vor eine Herausforderung, die mir zum damaligen Zeitpunkt schlicht unlösbar vorkam: Ich war auf mich allein gestellt!

Die Tierkommunikatorin, die ich damals gedanklich auf ein Podest ganz weit über mich gestellt hatte – denn sie war ja immerhin ein Profi, die Expertin schlechthin; wer war **ich** schon?! – hatte mir nicht helfen können. Und wenn sie es nicht konnte, konnte es bestimmt keiner.

Und von all diesen Keinen konnte ich es ganz sicher am allerwenigsten... Weil ich nunmal kein „Profi" war. Und weil ich auch keine Ausbildung im Bereich „korrekte und einzig wahren Entscheidungen im Umgang mit Hjoerdis" absolviert hatte...

Schade eigentlich, dass mir dieser Glaubenssatz damals nicht bewusst war, sondern er mein Handeln heimlich, still und leise aus dem Unterbewusstsein heraus leitete.

Vielleicht hätte ich dann einfach – wie heute - herzhaft darüber lachen und den kleinen Schmarotzer einfach fortschicken können. Aber ich will mich nicht beklagen. Schließlich habe ja auch so in Windeseile - ich habe gerade einmal fünf Jahre dafür gebraucht ... - mit der Zeit immer tiefgreifender verstanden, dass Hjoerdis und ich bereits von Anfang an miteinander kommunizieren.

Dass sie mir zeigt, was sie möchte und was nicht ... Dass sogar - und ausgerechnet **ich** - sie verstehe und alle Antworten auf meine Fragen tief in meinem Inneren schon immer ganz deutlich hören kann. Auch, wenn eine Tierkommunikatorin **keine** Antworten von meinem Tier bekommt, kann gerade **das** eine deutliche Botschaft für mich beinhalten.

Der erste Gedanke, der mir in den Sinn kam, als ich mich damals fragte, warum sich Hjoerdis in der Tierkommunikation nicht geöffnet hatte, war, dass sie sich ganz bewusst dafür entschieden hatte.

Sie wollte mir damit zeigen, dass ich keinen anderen brauche, um sie zu verstehen. Dass ich die Antworten auf meine Fragen bereits selbst ganz genau weiß. Dass ich mir und uns einfach nur zu vertrauen brauchte.

Und ganz leise und vorsichtig, schob sich noch ein weiterer Gedanke dazu: Dass ich selber (irgendwann einmal) eine Weiterbildung zur Tierkommunikatorin machen könnte, weil **ich das** Zeug dazu hatte.

Und tatsächlich musste ich grinsen bei diesen Gedanken: JA, das fühlte sich wahr an! Das passte zu meiner Hjoerdis. Gefühlt konnte ich sie vor meinem inneren Auge sehen: Mit einem breiten Grinsen im Gesicht, stolz auf sich selbst, wie clever sie mir diese Lektion erteilt hatte.

Als würde sie sagen: *Nö, Lara, so nicht! Das kannst Du schön selber machen. Wir brauchen keinen anderen dafür!*

Dummerweise blieb es aber nicht bei diesen Gedanken. Stattdessen mischte sich ungefragt noch das Untier namens Unbewusster negativer Glaubenssatz mit ein.

So war mein nächster Gedanke: *Schwachsinn! Das würde ja bedeuten, dass ich selber dazu in der Lage wäre, mein Pferd – ohne die professionelle Unterstützung eines Pferde-Experten – zu verstehen... Das würde heißen, dass ich bereits selbst mit meinem Tier kommunizieren könnte, obwohl ich gar keine Ausbildung zu Tierkommunikatorin gemacht hatte... Nein, nein! Was glaubte ich, wer **ich** bin?!*

Damit war die Leichtigkeit dahin... Aber da ja ständig und überall behauptet wird, das Leben sei kein Ponyhof, passten letztere Gedanken einfach besser zu meinem damaligen Welt- und Selbstbild. Als logische Konsequenz daraus entschied ich mich (unterbewusst) dazu, vorerst letztere Gedanken als meine Wahrheit anzunehmen und dümpelte noch eine Weile lang auf diesem schwerfälligen Pfad im Opfer-Modus herum.

Was genau mich letztendlich dazu geführt hat, dass ich meine einschränkenden Glaubensmuster endlich losgelassen habe und heute eine klarere Sicht auf die Dinge habe, dass ich mir selbst vertraue und immer leichter verstehe, was Hjoerdis mir auf ihre ganz eigene Art und Weise mitteilen möchte, kann ich gar nicht mehr so genau definieren.

Ich denke, es war die Kombination aus vielen kleinen und größeren, mehr oder weniger „zufälligen" Ereignissen und Begegnungen in meinem Leben: Das gemeinsame Sein mit Hjoerdis und ihre selbstbewusste Art, mir zu zeigen, was sie möchte und was nicht. Die dadurch entstandenen Konflikte und gemeinsam gefundenen Lösungen (mehr dazu könnt ihr auch im Kapitel *Klarheit statt Drama: Was wir von Tieren über Konflikte und uns selbst lernen können* lesen). Krankheiten und Verletzungen, die uns gezwungen haben, einmal innezuhalten und zu reflektieren (darüber habe ich auch im Kapitel *Wie du auch in Zeiten der Krankheit mit deinem Tier wachsen kannst* geschrieben). Der Austausch mit gleichgesinnten Vertrauten – auch unabhängig von Tier- und Pferdethemen. Vorbilder, die andere als die konventionellen Wege mit ihren Tieren gehen. Seminare und Weiterbildungen zu Energiearbeit, Persönlichkeitsentwicklung, Gesundheit, Coaching und Tierkommunikation.

Denn genau das ist es, was **meinen** Weg ausmacht und was mich und Hjoerdis auf unseren eigenen **gemeinsamen** Weg geführt hat, den wir heute gehen.

Und dazu gehört auch, dass sie sich der professionellen Tierkommunikatorin damals nicht geöffnet hat. Dass sie auf diesem Wege eine Botschaft geschickt hat, die ganz allein für **mich** bestimmt war und die niemand sonst verstehen konnte. Dafür bin ich dankbar.

Ich würde nicht stehen, wo ich heute stehe, wenn Hjoerdis die Antworten auf meine Fragen damals einfach ausgeplaudert hätte ...

Bist du auch gerade in der Situation, dass du Fragen an dein

Tier hast, aber die Antworten – entweder selber oder über eine "professionelle" Tierkommunikation – nicht direkt auf dem Silbertablett serviert bekommst?
Oder du erhältst zwar Antworten, aber sie fühlen sich nicht stimmig an?

Vielleicht hast du auch das Gefühl, es fehlt noch irgendetwas? Als wäre die Antwort noch nicht die **ganze** Wahrheit? Vielleicht hilft die folgende Übung dir dabei, etwas mehr Licht ins Dunkel zu bringen:

Suche dir einen Ort, an dem du ganz ungestört für dich sein kannst und mache es dir gemütlich. Wenn du magst, schließe deine Augen. Denke an dein Tier und verbinde dich gedanklich mit ihm.

- Was kommt dir als erstes in den Sinn?

Je nach eurer individuellen Situation, kannst du nun eine oder mehrere der folgenden Fragen stellen. Such dir einfach die Frage(n) aus, die dich gerade "anlachen", die sich gerade intuitiv stimmig und leicht für dich anfühlen:

- Warum erhältst du gerade (noch) keine konkrete Antwort auf eine bestimmte Frage?
- Warum ist ausgerechnet die Antwort auf **diese** bestimmte Frage so wichtig für dich?
- Welche Botschaft könnte hinter dem Schweigen deines Tiers für dich stecken?
- Sind deine Fragen gerade überhaupt relevant für dein Tier? Oder möchte es dir gerade vielleicht etwas ganz anderes mitteilen?
- Was braucht dein Tier, um dir seine Antworten auf deine Fragen zeigen zu können? Wie kannst du ihm das, was es gerade braucht, zur Verfügung stellen?
- Erlaubst du dir, wirklich alles von deinem Tier zu empfangen? Oder hast du (unterbewusste) Glaubenssätze oder Ängste, die die Antworten deines Tiers blockieren könnten?
  - → Was wäre das **Schlimmste**, was dein Tier dir sagen könnte? Was wäre, wenn es das tatsächlich zu dir sagt? Wärst du bereit, auch dann hinzuhören? Und was wäre, wenn das vollkommen in Ordnung wäre?
  - → Was wäre das **Schönste**, was dein Tier dir sagen könnte? Was wäre, wenn es das tatsächlich zu dir sagt? Bist du bereit, auch das zu empfangen? Was wäre, wenn einfach alles gut so ist, wie es gerade ist und du gar nichts verändern musst?
  - → Was brauchst du, um wirklich alles von deinem Tier empfangen zu können? Und wie kannst du dir das, was du noch brauchst, zur Verfügung stellen? **Oder:** Was wäre, wenn du bereits alles hast, was du dafür brauchst?

Wenn du auch auf diese Fragen nicht sofort konkrete Antworten bekommst, ist das vollkommen in Ordnung. Erlaube dir, dass die Fragen ganz nebenbei und unterbewusst weiter bei dir und deinem Tier wirken dürfen.

Vertraue darauf, dass die Antworten genau zur richtigen Zeit ganz von alleine in dein Bewusstsein finden werden. Und dann vertraue **Dir**, dass wahr sein darf, was sich für dich stimmig und leicht anfühlt.

Was hat das Problemverhalten deines Pferdes mit dir zu tun?

von Birgit Huber

Wie ein Problempferd mir meinen einzigartigen Weg mit Pferden zeigte

Als Sia, ein sogenanntes „Problempferd", in mein Leben trat, wusste ich noch nicht, auf welche Reise ich mit ihr gehen würde. Eine Reise zu meinem wahren Selbst.

Ich, das Pferdemädchen und Pferdetrainerin, die schon viele Jahre mit schwierigen Pferden gearbeitet hatte, konnte sich nicht im Geringsten vorstellen, was mir Sia für Aufgaben aufgeben und welchen Bewusstseinswandel ich in Bezug Pferdetraining und wie ich in Zukunft mit Pferden sein möchte, durchleben würde.

Durch Sia erkannte ich, dass ich schon immer Tierkommunikation mit Pferden gelebt habe. Es war mir nur viele Jahre nicht bewusst, da ich viel zu sehr auf andere Menschen und deren Meinungen vertraut und gehört habe.

Ja, ich fühlte mich damals nicht mehr wohl, wie ich mit Pferden trainierte, aber ich konnte es noch nicht in Worte fassen. Schon in der Zeit, in der ich noch Dressur und Springturniere ritt und noch sehr auf Ziele, Training und Erfolg getrimmt war, kamen bereits schwierige Pferde zu mir.

Ich ritt immer die Pferde, die sonst keiner reiten wollte. Die Pferde, die sich noch gegen Dominanz- und Druckmethoden wehrten und ein klares NEIN dagegen aussprachen.

Mich beschäftigte schon damals die Frage, warum so viele Menschen das Leid der Pferde nicht sehen konnten, warum keiner die Sprache der Pferde verstand und immer nur mit Druck und Strafe trainiert wurde.

Ich konnte diese Aussagen wie:
- „Der verarscht dich doch nur",
- „Du musst dich durchsetzen", usw. nie verstehen.

Schon damals habe ich immer die Pferde und ihre Meinung in die Arbeit mit einbezogen und wusste einfach, wann ich was und wie mit ihnen zu trainieren habe.

Die schwierigsten Pferde konnte ich verstehen und zur Mitarbeit motivieren. Rückwirkend verstehe ich heute, dass all diese Pferde nur eine Vorbereitung waren für das Zusammentreffen mit Sia und dass bereits dies eine Form von Tierkommunikation war. All diese angeblichen Problempferde haben mich auf meinem Weg des wirklichen Hinfühlens gebracht; und wir sind gemeinsam gewachsen.

Damals waren ich und diese Pferde auf einem gemeinsamen Bewusstseinsstand und daher konnte ich sie dabei unterstützen, freudvoll trainiert zu werden. Ja, Pferde entwickeln sich genauso wie wir in ihrem Bewusstseinsstand.

Manche Pferde wählen es, als Turnierpferd zu glänzen; und ja, sie lieben es wirklich, im Rampenlicht ihr Können zu zeigen. Wenn sie es von sich aus wählen können und eine Mitsprache haben, wie sie trainiert werden möchten, sind sie regelrecht stolz auf sich und ihre Leistungen.

Doch viele Pferde werden zum Turnierreiten gezwungen, weil leider noch immer viele Menschen nicht hinfühlen und ihre Pferde fragen, was sie sich wünschen. Sie stülpen ihre Wünsche, ihre Erwartungen und oft auch die des Trainers über ihr Pferd und vergessen, dass sie ständig im Dialog mit ihm sein könnten.

Sie erkennen nicht, dass Pferde jederzeit mit uns versuchen zu kommunizieren, um herauszufinden, ob sie das, was wir gerade von ihnen möchten, auch aus freien Stücken heraus machen.

Jedes Problemverhalten eines Pferdes ist immer nur ein HIL-

FESCHREI, weil wir die feinen Signale, die feine Sprache der Pferde, nicht hören können; besser gesagt noch nicht hören wollen.

Wenn Mensch und Pferd auf demselben Bewusstseinsstand sind, dann können sie harmonisch miteinander leben. Sobald einer der beiden sich weiterentwickelt, entstehen sogenannte „Probleme" - wobei ich es lieber CHANCE für gemeinsames Wachstum nenne.

Und genau so war es bei mir: Umso mehr ich über Pferdepsychologie, Persönlichkeitsentwicklung und die wahre Pferdesprache gelernt und verstanden habe, umso unwohler fühlte ich mich mit der Art, wie ich mit den Pferden trainierte. Und umso schwieriger wurden die Pferde, die zu mir kamen.

Da Pferde sehr feinfühlig sind, fühlen sie sofort, wenn wir bereit sind für den nächsten Schritt, das nächste Lernfeld. Sie zeigen uns sehr schnell den Weg, auch wenn es durch ein sogenanntes „Problemverhalten" ist.

Denn leider hören und fühlen wir oft erst wirklich hin, wenn ein Pferd sich ungewöhnlich verhält.

Wie Horsemanship mich vorbereitete, wirkliche Co-Kreation mit Sia zu leben

Als ein Pferd, mit dem ich Turniere gewonnen hatte, sich nicht mehr von der Koppel einfangen ließ und mir mit gezieltem Austreten in meine Richtung ganz klar sagte, dass er mit mir nichts mehr zu tun haben möchte, fing ich an, nachzudenken und stellte mir viele Fragen.

Ein toller Ratschlag meiner damaligen Reitlehrerin war, dass ich mich noch mehr durchsetzen müsse. Er würde mich nur verarschen und ich solle ihr einfach sagen, wenn ich das nächste Mal in den Stall komme. Dann würde sie ihn einfach in der Box stehen lassen und ich hätte ja das Problem mit dem Einfangen auf der Koppel nicht mehr.

Ich stand da und dachte mir nur:

Okay, was soll das jetzt für eine Lösung sein? Ich möchte doch mein Pferd verstehen und dass es sich auf mich freut, wenn ich zu ihm komme und wir gemeinsame Zeit verbringen.

Was bringt mir ein Turniererfolg, wenn das Pferd von mir nichts mehr wissen möchte und sogar in meine Richtung austritt?!

Da wurde mir klar, dass ich in einem Umfeld war, in dem das Pferd nur als Gegenstand fungierte und in dem das Training, die Turniere, Ziele und Erfolg wichtiger waren. Wie es dem Pferd ging und was es mir mit seinem Verhalten sagen wollte, war einfach nicht wichtig.

Und so begann die Reise mit Horsemanship.

Ich lernte von vielen verschiedenen Horsemans, arbeitete in verschiedenen Ställen, an denen bereits Horsmanship gelehrt wurde, mit, und schrieb sogar eine Diplomarbeit darüber.

Am Anfang fühlte ich mich wie befreit. Endlich wird das Pferd in den Mittelpunkt gestellt, die Sprache des Pferdes wird erforscht und man spielt mit dem Pferd vom Boden aus. Es wird die Beziehung vor dem Training und Turniere gestellt. Für mich war das so eine Erleichterung. Endlich war ich unter Pferdemenschen, die die Sprache der Pferde wirklich verstehen lernen wollten.

Einige Jahre ging ich mit dieser Methode, half auch vielen Problempferden, ihren Menschen wieder zu vertrauen und das funktionierte sehr gut.

Da ich nun wieder auf einem Bewusstseinsstand mit den Pferden war, die ich in mein Leben gezogen hatte, konnte ich vielen von ihnen helfen, wirklich verstanden zu werden.

Doch mit der Zeit kam immer mehr das Gefühl hoch, dass ich die Pferde nicht wirklich sehe und verstehe und dass ich mit dieser nächsten Methode wieder nur das Pferd gefügig mache.

Es fehlte mir von Anfang an, wirklich zu fühlen, was mir mein

Pferd sagen möchte; und zu wissen, wie es sich bei mir fühlt, wie ich mich fühle und was sein Problemverhalten mit mir zu tun haben könnte.

Mir fehlte einfach der Dialog mit dem Pferd, dass mein Pferd auch ein Mitspracherecht hat; und mir fehlte die Kombination von Pferdetraining und Tierkommunikation.

Genau in dieser Zeit kam Sia in mein Leben.

In einem Hundetrainings-Center, in dem ich ein Praktikum begonnen hatte und dann 2 ½ Jahre als Tiertrainerin und Tierpsychologin arbeitete, stand Sia mit ihrem Fohlen auf einer Wiese.

Als ich sie sah, wusste ich sofort, mit diesem Pferd möchte ich zusammen sein.

Damals wusste ich noch nicht, dass sie 3 Jahre später mein Pferd werden würde. Aber dieses Gefühl, als ich sie das erste Mal sah, war eindeutig eine Seelenverbindung.

Ich begann, in dem Hundetrainings-Center zu arbeiten, weil ich gerade am Abschluss meiner Tierpsycholgieausbildung für Pferde und Hunde war und unbedingt neben meinem ganzen Wissen mit den Pferden auch etwas über Hunde lernen und viel mehr Praxiswissen aufbauen wollte.

Picasso, mein Golden Retriever, war auch mit dabei und so zog ich für 2 ½ Jahre in dieses Hundetrainings-Center, wo ich neben den ganzen Hunden auch 3 Pferde versorgen und trainieren durfte.

Es war wie ein kleines Paradies für mich: Ich hatte 3 Pferde, mit denen ich all mein bisheriges Wissen über Pferdetraining und Horsemanship ausleben konnte; und zusätzlich konnte ich die Pferde für die Ausbildung für Reitbegleithunde ausbilden.

Es schien perfekt, nur dass Sia anderer Meinung war und in mein Leben kam, damit ich auf das nächste Level mit Pferden gehen konnte.

Sia war eine 6-jährige Araberstute und hatte ein Fohlen bei

Fuß. Angeblich war sie angeritten worden und war dabei einmal so stark gestiegen, dass sie sich überschlagen und ihren Widerrist eingedrückt hatte.

Sie war eine zierliche, ängstliche, zarte und sehr feine Stute, die das Vertrauen zum Menschen komplett verloren hatte.
Sie wurde als gefährlich und unreitbar abgestempelt. Mein damaliger Chef hatte sie nur gekauft, weil sie ein Fohlen hatte, das er in Zukunft für die Reitbegleithundeausbildung verwenden wollte und er genügend Wiesen hatte, wo sie, bis das Fohlen abgesetzt wurde, leben konnte.

Was danach mit ihr geschehen würde, wusste er noch nicht. Er gab mir ein halbes Jahr, um mit ihr zu arbeiten.

Ich wollte sie unbedingt retten, denn es war nicht klar, ob sie nach dem Absetzen nicht doch zum Schlachter kommen würde.

Für mich war es eine wirkliche Herausforderung, ihr Vertrauen zu gewinnen - und all mein Wissen über Horsemanship, Pferdetraining und Pferdesprache stellte sie in Frage.

Durch sie fing ich an, noch kleinschrittiger und feiner mit Pferden zu arbeiten, als ich es je getan hatte.

Sie merkte aber schnell, dass ich es mit ihr gut meinte und fing an, mit mir zusammenzuarbeiten.

In der Zeit, die ich im Hundezentrum war, entwickelte sich Sia zu einem immer feineren Pferd, das gerne mit mir zusammen war und ich fing damals eher unbewusst mit Tierkommunikation mit ihr an.

Ich fragte sie immer mehr, worauf sie heute Lust hatte, und begann mit ihr eine immer feinere Kommunikation. Ich konnte sie dann sogar reiten und sie auf die Reitbegleithundeausbildung vorbereiten. Auch einfahren konnte ich sie und wir liebten es beide, im Wald mit der Kutsche herumzufahren.

So durfte sie im Hundetrainingscenter bleiben.

Umso feiner ich mit ihr kommunizierte, umso mehr entstand eine Kluft zwischen mir und meinem damaligen Chef.
Die Art, wie ich mit Sia, den anderen Pferden und auch den

Hunden trainierte, unterschied sich immer mehr von der Art, wie mein Chef mit ihnen trainierte.

Es wurde für mich immer unerträglicher, mitansehen zu müssen, mit wie viel Strafe, Druck und Zwang er mit den Hunden arbeitet. Mit den Pferden machte er Gott sei Dank kaum etwas.

Ich redete mir monatelang alles schön, denn meine Arbeit, das Hundezentrum an sich, war ein Paradies und genau mein Traumjob. Und ich konnte die Hunde und Pferde nicht im Stich lassen, ich fühlte mich für sie verantwortlich.

Meine ganze Familie konnte mich nicht verstehen. Sie sagten mir immer wieder, dass ich von dort weggehen solle und dass es mir nicht guttue, wenn ich noch länger bleiben würde.
Erst rückwirkend konnte ich erkennen, was meine Familie immer meinte. Damals wollte ich nicht wahrhaben, dass es Zeit ist, zu gehen.

Umso unwohler ich mich fühlte, umso mehr fing Sia wieder an, Problemverhalten zu zeigen. Bis zu dem Tag, an dem mein Chef unbedingt mit ihr Kutsche fahren wollte.
Er war viel zu ungeduldig beim Einspannen und überforderte Sia mit viel zu viel Druck und Stress.
Er konnte nicht erkennen, dass das für sie zu schnell und zu viel Druck war; und da hatte Sia nur einen Ausweg, indem sie in alte Muster verfiel, unkontrolliert in die Luft ging und senkrecht vor im stieg.
Ich ging gerade an ihm vorbei, als er Sia viel zu grob festhalten wollte, als sie in die Luft ging. Ich fühlte ganz klar, dass sie vor ihm Angst hatte und einfach nur weg wollte. Er konnte das leider nicht verstehen und hielt sie einfach fest, schlug auf sie ein und brüllte sie an.

Sia stieg noch heftiger und unkontrollierter und überschlug sich schließlich. Danach stand sie zitternd und eingefroren da und ich war einfach nur fertig.

Ich konnte die ganze Nacht nicht schlafen und erkannte, dass das ein Weckruf für mich war, endlich zu gehen.

Durch diesen Vorfall war mir klar: *Ich muss hier weg und ich muss Sia hier rausholen.*

Auf einmal wusste ich genau, was zu tun ist und hatte irgendwie die Erlaubnis für mich bekommen, jetzt endlich zu gehen.

Schon verrückt, dass manchmal so etwas Schlimmes passieren muss, damit man aufwacht.

Ein paar Tage danach kündigte ich, kaufte Sia frei und fand mit ihr gemeinsam einen genialen Stall.

Dieser Vorfall mit ihr und meinem Chef weckte mich auf: Das angebliche Problemverhalten von Sia, das Steigen, zeigte mir ganz klar, dass ich hier nicht mehr am richtigen Platz war.

Sie hat sich im Grunde zur Verfügung gestellt, damit ich aufwache, und sie hat mir auch ganz klar gesagt, dass sie das für mich getan hat.

Ich hätte ihr in den letzten Jahren geholfen, den Menschen wieder zu vertrauen und miteinander Spaß zu haben. Jetzt hatte sie mir mit diesem Vorfall mit meinem Chef geholfen, wirklich hinzufühlen und bewusst zu werden, dass es Zeit war, hier zu verschwinden.

Das echt Mystische darin ist, dass ich innerhalb von wenigen Tagen kündigte, alles reibungslos mit meinem Chef geklärt bekam und in kurzer Zeit einen perfekten Stall für Sia kreierte.

Im Grunde kann man sagen: Ich habe mit Sia zusammen einen neuen Lebensabschnitt kreiert, in Co-Kreation.

Die Co-Kreation mit Sia hat begonnen

Ab dem Zeitpunkt, als ich mit Sia im neuen Stall war, drehte sich unsere Beziehung um 180 Grad.

Sie war schon, als ich sie vom Hundezentrum abholte, ein anderes Pferd. Ich beschloss, weil sie noch Angst vorm Hängerfahren hatte, dass ich mit ihr zu Fuß in den neuen Stall gehen würde. Es waren ungefähr zwei Stunden Fußmarsch und sie sagte mir ganz klar, dass sie lieber zu Fuß gehen wollte.

Kurz hatte ich Bedenken, wie es sein wird, wenn ich sie vom Gelände wegführe, weg von ihrem geliebten Pferdekumpel, bei dem sie früher immer sehr unruhig wurde, wenn ich alleine mit ihr in den Wald ging.

An diesem Tag war aber alles anders. Als ich ins Hundezentrum kam, stand Sia bereits am Zaun und wartete auf mich. Ich holte sie heraus und wir gingen los.

Sie ging ganz entspannt mit mir mit und umso weiter wir vom Hundezentrum wegkamen, umso entspannter und ruhiger wurde sie.

Wenn ich sonst mit ihr alleine spazieren ging, war sie schreckhaft und wollte immer vor mir gehen.

An diesem Tag nicht. Sie ging leicht versetzt und ganz entspannt hinter mir und war sichtlich froh, jetzt in ihr neues Zuhause zu kommen.

Als wir im neuen Stall ankamen, war sie wie ein anderes Pferd. Komplett ruhig und neugierig auf die neuen Pferde und Menschen.

Sie ging auf die neue Stallbesitzerin sofort zu und es war für mich so magisch zu erkennen, was ich mit Sia da für eine geniale Co-Kreation erlebte.

Sie lebte sich schnell im neuen Stall ein und war sichtlich froh, endlich so leben zu dürfen, wie sie sich es immer schon gewünscht hatte.

Jetzt begann aber erst so richtig unsere gemeinsame Reise. Ich begann, mich noch intensiver mit Tierkommunikation, Tierspiritualität und Persönlichkeitsentwicklung zu beschäftigen und Sia bekam dadurch die Chance, mir noch feiner aufzuzeigen, wann ich wirklich authentisch bin und wann nicht.

Sehr schnell begann ich durch sie zu erkennen, dass neben dem Training, egal welche Methode man vertritt, eines noch viel wichtiger ist: Nämlich, dass man auf das hört, was man fühlt und was einem sein Pferd sagen möchte.

Sia war so eine feine Stute und erkannte in Sekunden, ob man authentisch ist und ob man zu dem, was man von ihr möchte, auch wirklich steht.

Durch sie habe ich erst erkannt, wirklich hinzufühlen.
Hinzufühlen, ob das, was ich mit Pferden mache, auch wirklich mein Weg ist.

So oft stand ich bei Sia und wusste mit meinem Wissen und Methoden nicht weiter. So oft zeigte sie mir mit Steigen und Losreißen auf, dass ich nicht wirklich im Fühlen war und nur eine Methode abspulte. Oder es jemandem im Außen recht machen wollte.

Ich war so oft im TUN - *Das muss ich jetzt mit ihr trainieren, dieses Spiel müssen wir jetzt spielen* - und war so zielfokussiert.

Das ist für uns Menschen das Normalste. Wir wollen immer einen Plan, ein Ziel; etwas, woran wir uns festhalten können. Darum lieben wir ja auch Trainingsanleitungen und Methoden.

Auch bei einer Tierkommunikations-Sitzung erhoffen wir uns, einen Leitfaden zu bekommen, was sich unser Pferd von uns wünscht und was wir sofort umsetzen können. Dabei verlieren wir uns aber so oft im Tun und schneiden uns vom Fühlen ab. Vom wirklich „Da"-sein und Spüren, was ich und mein Pferd gerade brauchen und auch davon, zu erkennen, warum gerade dieses Pferd mit diesem Verhalten zu mir gekommen ist.

Sias Problemverhalten Steigen und Losreißen wurde immer weniger und sie brachte mich immer mehr zu meinem wahren Selbst mit Pferden.

Wir lebten immer mehr unseren einzigartigen Weg und sie half mir - oder besser gesagt, uns - zu vertrauen.

Egal, welcher Trainer oder gute Freundin mir Ratschläge geben wollte: Ich fragte immer bei Sia nach und sie gab mir ein k ares Feedback.

Umso mehr ich mich mit der Seelenverbindung beschäftigte, umso klarer wurde mir, warum ich, als ich Sia das erste Mal auf der Wiese mit ihrem Fohlen sah, sofort dieses Gefühl hatte, dass ich mit diesem Pferd zusammen sein möchte.

Eine Seelenverbindung ist für mich wie eine Seelenschnittmenge. Jeder von uns bringt seinen Teil mit: Seine Erfahrungen, Erlebnisse, sein Lernfeld. Und in der Mitte treffen wir aufeinander; da, wo wir voneinander lernen können.

Sia konnte von mir lernen, wieder den Menschen und dem Leben zu vertrauen. Wieder Spaß am Leben zu haben und zu. wissen, dass sie nicht mehr übergangen wird und ein Mitspracherecht hat.

Ich durfte von ihr lernen, meine feine, sensible und intuitive Art wieder zuzulassen.

Ihr sogenanntes Problemverhalten Steigen und Losreißen hat mir nur aufgezeigt, dass ich aufsteigen darf, in eine neue Ebene meines Lebens, und mich von alten Programmierungen losreißen darf.

Dass ich meinen Weg mit Pferden gehen darf und dass ich mit ihr eine einzigartige Verbindung führe, die nur ich verstehen und beeinflussen kann.

Kein Trainer, keine beste Freundin, kein Hufschmied oder Tierarzt konnte mir dabei helfen; und es lag an mir, zu Sia eine Verbindung, eine Kommunikation, aufzubauen, die wir beide verstanden.

Durch sie begriff ich erst, was ein Problemverhalten eines Pferdes wirklich bedeutet.

Vorher versuchte ich einfach immer, dieses Problemverhalten weg zu trainieren. Erst durch Sia war ich bereit, hinzufühlen und hinter das Problemverhalten zu schauen.

Auch, wenn es oft bedeutet hat, gegen den Strom zu schwimmen und wie eine Verrückte da zu stehen.

Umso mehr ich Sia mit einbezog und sie fragte, was sie mir mit ihrem Verhalten sagen wollte, umso tiefer wurde unsere Beziehung.

Es war kein reines Training, Bodenarbeit oder Tierkommunikation mehr.

Es war eine Co-Kreation, denn ich bezog sie überall mit ein und fragte sie immer, was für sie jetzt der nächste Schritt sei. Und wenn es bedeutete, dass wir stundenlang gemeinsam auf der Koppel waren und einfach das Sein genossen, was für mich am Anfang die größte Herausforderung war. Einfach nichts tun, nur Sein - was unserer Beziehung aber viel mehr Tiefe brachte, als stundenlanges Training.

Sia zeigte mir immer feiner, was sie gut fand und was schlecht.

Wir hatten zum Beispiel mal einen Hufschmied, der echt gut war, den Sia aber überhaupt nicht mochte, weil er ihr einfach zu schnell war und sie sich von ihm nicht gesehen fühlte.

Sobald er ihren Huf hochheben wollte, stieg sie, ohne dass man im Außen zu viel Druck erkannte.

Er war einfach ein Hufschmied, der seinen Job machte, aber das Wesen Pferd überhaupt nicht sah und auch die Bedürfnisse eines Pferdes nicht erkannte.

Sia wollte gesehen werden und wenn sie mal ein paar Sekunden länger brauchte, um einen Huf zu heben, einfach die Zeit bekommen, um ihre anderen drei Beine zu sortieren.

Sie brauchte einfach das Vertrauen des Hufschmiedes, dass er ihr die Zeit gab, die sie brauchte.

Das war mit diesem Hufschmied leider nicht möglich, zu bereden. Er meinte nur, dass ich sie besser erziehen müsse und dass das eine Unart sei, wenn sie sofort steigt, wenn er nur den Huf aufheben möchte.

Sia hatte mir aber ganz klar kommuniziert, dass sie sich einen anderen Hufschmied wünschte, der sie sieht und der ihr die Zeit

gibt, die sie braucht. Der versteht, was sie mit dem Steigen sagen möchte.

Daraufhin machte ich mich auf die Suche nach einem Hufschmied, der für sie okay war und durfte mich gegen die ganze Stallgemeinschaft stellen, da alle denselben Hufschmied hatten und der ja auch echt einen guten Job machte.

Ein großartiges Lernfeld für mich, auf mich und Sia zu hören, egal was alle anderen sagten. Und so kreierten wir uns gemeinsam einen Hufschmied, der für sie okay war.

Ich fand einen neuen Hufschmied, den Sia von Anfang an liebte und bei dem sie kein einziges Mal stieg. Er gab ihr die Zeit, die sie brauchte, auch wenn es über eine Stunde war, bis er alle

Hufe gemacht hatte.

Sia war meine Lehrmeisterin darin, ein sogenanntes Problem-verhalten eines Pferdes als Chance zu erkennen, um gemeinsam zu wachsen und bewusster zu werden.
Dass Pferde ständig mit uns kommunizieren und mit ihrem Problemverhalten uns nur auf etwas aufmerksam machen möchten, was wir noch nicht erkennen und fühlen.

Wenn du bereit bist, deinem Pferd zuzuhören, werden sich ganz neue Wege für dich öffnen und ihr werdet eine viel friedvollere und intuitivere Beziehung führen, als je zu vor.

Übung: Erkenne das Problemverhalten deines Pferdes als Chance für gemeinsames Wachstum

Öffne dich für die Möglichkeit, dass das Problemverhalten deines Pferdes etwas ganz anderes bedeuten könnte, als das, woran du bis jetzt gedacht hast.
Oft sehen wir nur das Symptom. Das Pferd steigt zum Bespiel. Da wir dieses Verhalten nicht haben möchten, versuchen wir alles, um dieses Problem weg zu trainieren.

Was liegt aber hinter diesem Verhalten?
Was ist die wahre Ursache dafür?

Das Steigen an sich ist für ein Pferd im Grunde ein normales Verhalten: Mit seinen Pferde Kumpels im Spiel und Kampf zeigt es dieses Verhalten; oder auch, wenn es sich vor einem Raubtier schützen muss.
Wenn es überschüssige Energie hat und einfach mal in die Luft gehen möchte.
Für Pferde ist dieses Verhalten kein Problem, sondern nur aus Sicht von uns Menschen.

Was für ein Problem haben wir nun, wenn unser Pferd neben uns steigt, wenn es zu etwas, was wir von ihm haben möchten, ein klares NEIN ausspricht?!

Öffne dich und fühle, was das Problemverhalten bei dir auslöst.

Versuche mal, den Gedanken loszulassen, dass du dieses Verhalten sofort weghaben und wegtrainieren möchtest.

- Was könnte die Botschaft dahinter sein?
- Was möchte dir dein Pferd mit dem Verhalten sagen?
- Könnte es sein, dass es Schmerzen hat?
- Dass es einfach überfordert ist?
- Dass du in deinem Leben vielleicht auch mal aufstehen und zu deiner Meinung stehen darfst?
- Dass dein Pferd ein klares Nein von dir braucht, ohne Zwang und Druck, sondern aus deinem Inneren heraus?

Was fühlst du, wenn dein Pferd ein Problemverhalten zeigt? Angst, Wut, Versagen, usw.

Und könnte es sein, dass dein Pferd dir genau diese unterdrückten Gefühle aufzeigen möchte?

Was braucht dein Pferd, damit es sich bei dir sicher fühlt? Was brauchst du, dass du dich mit deinem Pferd sicher fühlst?

✳Im Onlinebereich findest du zu dieser Übung ein Audio.

Öffne dich für neue Möglichkeiten und spiele ein wenig mit diesen Fragen.

Ich wünsche dir viele Aha-Momente und Wachstum mit deinem Pferd.

Der Einfluss deiner Emotionen auf dich & dein Tier

von Romana Rohrer

Kennst du folgende Situation?

Du bist mega genervt, dein Chef war wieder mal unfair dir gegenüber. Du bist vielleicht wütend und gleichzeitig hilflos. Du weißt, du kannst nichts dagegen tun, es sind dir die Hände gebunden. Also schnell nach Hause zu deinem Tier. Ein schöner Ausritt, eine Kuscheleinheit oder ein ausgedehnter Spaziergang sind jetzt genau das Richtige für dich, damit du wieder runterkommen kannst.

Doch was passiert dann plötzlich?

Du kommst zur Koppel, dein Pferd sucht das Weite, die Katze verkriecht sich dorthin, wo Menschen bestimmt nicht hinkommen, dein Hund zieht an der Leine, läuft vielleicht im Freilauf davon oder sonstiges. Du wirst noch wütender und hilfloser.
Der eine gibt entmutigt auf, der andere zwingt sein Tier zum Mitmachen.
Egal, was du wählst: Beides ist nicht ideal. Denn du wirst deine aufgewühlten Gefühle nicht los, indem du dich mit deinem Tier ablenken möchtest. Im Gegenteil, dein Tier kann gar nicht anders, als dich mit dir selbst zu konfrontieren.

Deine Emotionen sind deine Verantwortung. Wenn du eine entspannte Beziehung mit deinem Tier haben möchtest, dann musst du dich um deine Emotionen kümmern. Niemand anderer kann dir das abnehmen.
Manche Tiere nehmen es dir ab, aber das sieht nur so aus. Denn wenn dein Tier mit deinen Emotionen nicht umgehen kann, kann es z.B. krank werden. Wenn dein Tier krank ist, machst du dir wieder Sorgen. Du bist also wieder bei deinen ei-

genen Emotionen gelandet. Ein ewiger Kreislauf.

In diesem Kapitel soll es darum gehen, wie du diesen Kreislauf der Wechselwirkung für euch beide durchbrechen kannst.

Meine Hündin Ronja zeigte mir gleich am Anfang, dass es gar nichts bringt, wenn ich durch meine Angst auf ein Verhalten von ihr reagiere. Wir hatten folgende Situation beim Spaziergang:

Sie lief frei auf einem unbefahrenen Schotterweg. Da kam nun doch ein Auto. Ich hielt sie am Halsband kurz fest, bis das Auto vorbei war. Als ich sie losgelassen hatte, entschied sie sich, hinter dem Auto herzulaufen. Immerhin sitzen in Autos immer so nette Menschen, die muss man doch begrüßen.
Du siehst, ihre Absicht was total lieb gemeint. Ich bekam einen Schrecken und fing an, ihr brüllend hinterherzulaufen. Was machte sie? Sie lief natürlich noch schneller. Außerdem war sie verwundert, warum ich denn jetzt so panisch bin. Immerhin wolle sie doch nur diese Menschen begrüßen.

Solche Situationen hatten wir immer mal wieder. Ich hatte nur zu diesem Zeitpunkt keine Ahnung, wie ich es verändern sollte. Ich hatte keinen Plan darüber, wie mein emotionales Kleid gestrickt ist, noch wie ich mit aufgewühlten Gefühlen umgehen sollte.

Schnell stellte ich fest, dass es auch in meinem Alltag keine Menschen gab, die etwas darüber wussten. Wer erzählt einem schon, wenn er stinkwütend oder tieftraurig ist?
Menschen reden immer nur über ihre Gefühle, wenn es ihnen gut geht. Wut, Angst und Schmerz sind ja fast Tabuthemen in unserer Gesellschaft. Fast wie Geld und Sex. Darüber spricht man nicht. Erst recht wusste schon gar niemand darüber Bescheid, dass meine Emotionen auch eine Wirkung auf mein Tier haben können.

Wovor lief Ronja nun davon? Na, vor meiner Angst. Sie wusste nicht, was sie damit anfangen sollte. Also schnell weg von dieser

Frau. Ich hatte Angst um sie, dass sie auf die Straße läuft und, ganz krass, schwer verletzt wird oder sogar stirbt.

Einige Zeit danach lernte ich das Emotionaltraining kennen. Ich kam das erste Mal in meinem Leben mit meinen Emotionen ganz bewusst in Berührung. Ich erkannte, dass diese durch bestimmte Trigger im Außen ausgelöst werden. Dies kann ein Haustier sein; aber auch deine eigenen Gedanken können dich in starke Emotionen bringen.

Probiere doch mal folgendes aus:
Hast du schon einmal über eine Situation nachgedacht, die vielleicht in deinem Leben zu lösen war? Eine Situation, vor der du etwas Bammel hattest?

Wie waren deine Gedanken da? Und welche Gefühle wurden dabei verstärkt? Wenn du dich selbst beobachtest, wirst du entdecken, dass du dir Horrorszenarien der Extraklasse ausmalen kannst, und dein ganzer Körper verspannt sich dabei.

Jetzt schau mal weiter: Wenn du z.B. so verspannt bist und in einer Emotion feststeckst, wie wirkt sich das auf dein Tier aus, welches gerade in deiner Vorstellung bei dir ist?

Noch eine Geschichte von mir:
Mein erster eigener Hund Lio, ein Yorki-Shitzu-Mix, war mit einem Selbstvertrauen ausgestattet, welches kaum einer hätte übertrumpfen können.
Warum war das bei ihm so ausgeprägt? Ich selbst war eine junge Frau, die oft sehr unsicher war und mein Selbstbewusstsein war quasi non existent. Er spürte meine Unsicherheit und beschloss, mich zu beschützen. Immerhin musste es ja einen Grund geben, warum das Frauchen so unsicher ist. Das können wir uns im Rudel nicht leisten, dass wir beide unsicher sind. So war jeder Hund, dem wir begegneten, gefährlich.

Ich ärgerte mich oft über diese Situationen. Dies verbesserte leider gar nichts. Wenn ich heute darauf zurückblicke, war ich in seinen Augen sogar noch undankbar. Immerhin tat er sein Bestes; aufgrund meiner energetischen Signatur hatte er keine andere Wahl.

Das Feld der Emotionen ist ein komplexes. Eines, was in unserer Gesellschaft nicht wirklich beleuchtet wird. Wenn du jedoch bereit bist, dir über deine Emotionen und deren Einfluss auf dein Leben bewusst zu werden, dann kannst du dir sehr viel mehr Leichtigkeit in deinen Beziehungen kreieren. Nicht nur mit deinen Tieren.

Hier ein kurzer Einblick in deine Grundemotionen:

Stelle dir das Feld deiner Emotionen wie ein Gefäß vor:

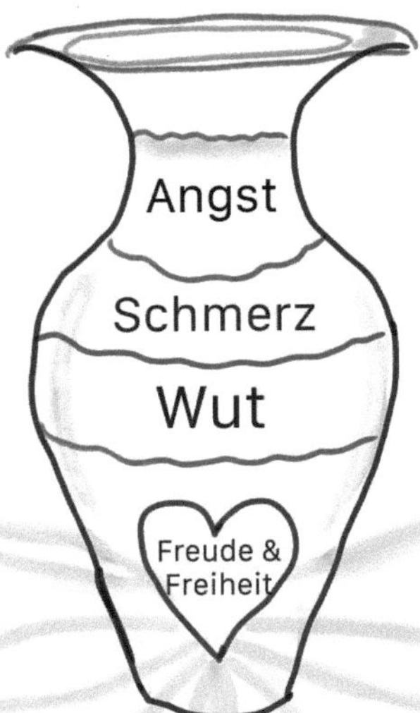

Wie du in der Abbildung sehen kannst, ist die oberste Schicht die Angst. Sie schließt dein Gefäß wie ein Deckel ab. Sie überdeckt deinen (alten) Schmerz, deine Wut und auch deine Freude und Freiheit. Dies bedeutet, du kommst an deine wahre Freude und das tiefe innere Gefühl von Freiheit nicht wirklich heran.

Unsere Tiere (oft auch uns nahestehende Menschen) haben immer genau den richtigen Zugang zu uns und versuchen, diesen Deckel zu öffnen, damit wir zu unserem wahren Kern vordringen können. Siehe meine Geschichten: Ronja hat meine Angst angetriggert, Lio meine Wut.

Wovor schützt dich die Angst? Lies hier nicht gleich weiter, sondern schließe die Augen und beantworte die Frage für dich. Lass dir Zeit dabei.

Oft beschützt sie uns davor, den Schmerz, der meistens schon in der Kindheit entstanden ist, nicht spüren zu müssen. Wir haben in unserer Kindheit viele Erfahrungen gemacht, die wir nicht mit unserem Verstand erschließen konnten. Im Gegenteil: Wir haben sie in jeder Zelle unseres Körpers gespürt. Oft war jedoch niemand da, der uns diese emotionalen Wellen erklären konnte und so haben wir sie weggepackt. Sie sind uns ungeheuerlich vorgekommen. Einfach zu groß und zu unmöglich, diese Emotionen zu verdauen.

Eingeschlossene Emotionen können sich auf vielerlei Arten auf dein Leben auswirken. Krankheiten, Unfälle, Dramen der unterschiedlichsten Art, schlechte Beziehungen, man fühlt sich wie vom Pech verfolgt usw.

Wechsle doch heute einfach mal die Perspektive: Dein Tier hilft dir dabei, diese alten, staubigen Emotionen zu befreien, sodass du ein Leben in Freude und Freiheit leben kannst. Ein Leben, welches sich in deinem Inneren gut anfühlt und nicht nur im Außen gut aussieht.

Deinem Tier kannst du sowieso nichts vormachen. Das geht einfach nicht. Es wird deine wunden Punkte immer und immer wieder antriggern, auch wenn du sie noch so gut versteckst. Und ich sage dir, ich war Weltmeisterin im Emotionen verstecken!

Ein Spruch, den ich dir an dieser Stelle mitgeben möchte, ist:
„Wo die Angst ist, geht's lang."

Dies bedeutet, immer dann, wenn die Angst dich zu überrollen droht, dann sag innerlich oder laut STOPP! Halte inne und frage dich, was du hier vermeiden möchtest?

Beschließe heute, den Deckel nicht mehr zu verschließen. Es bringt dir sowieso nichts.

Es kann am Anfang leichter sein, wenn du dir diese Fragen in einem ruhigen Moment stellst. Wenn die Wogen schon hoch sind, braucht es einfach Übung. Du kannst dich aber immer im Anschluss, wenn du innerlich wieder ruhiger bist, hinsetzen und dir diese Fragen stellen:

- Wovor versucht mich die Angst zu schützen?
- Was vermeide ich hier?
- Was versuche ich hier zu verteidigen?
- Woher kenne ich diese Emotionen schon?
- Wo habe ich gefühlsmäßig das Gleiche erlebt und mit wem war das? (Sollte bei dieser Antwort ein bestimmter Mensch auftauchen, dann frag noch weiter: Wer war der erste Mensch, bei dem diese Gefühle aufgetaucht sind?)
- Was denke ich in dieser Situation über mich selbst?
- Was dachte ich in der Situation damals, als ich es das erste Mal erlebt habe, über mich?
- Entspricht das, was ich über mich denke, wirklich der Wahrheit?
- Kann ich zu 100% behaupten, dass das wahr ist?

✳ Im Onlinebereich findest du zu diesem Kapitel die Übung *Hol dir die Kraft aus deinen Emotionen zurück.*

Nimm dir Zeit für dich und beantworte die Fragen. Mache es immer wieder. Stelle es dir wie Zwiebelschichten vor. Bis du zu deinem inneren Kern dem bedingungslosen Gefühl der Freude und Freiheit kommst.

Vielleicht geht es nicht von heute auf morgen, aber ich sage dir: Jede Schicht, die du klärst, wird dich näher zu dir bringen. Dadurch wirst du eine tiefere Verbindung zu deinem Tier erlangen. Und wenn ich es ganz genau nehme, zu vielen anderen Lebewesen, wie anderen Menschen, auch noch. Was für eine Errungenschaft für dein Leben! Hört sich das nicht nach einem Leben in ganz viel Leichtigkeit an?

Zum Abschluss noch ein gewagter Gedanke:
„Alles, was du erfährst, wurde von dir in deinem Inneren erschaffen." Nur manchmal waren wir uns dessen nicht bewusst und denken deswegen, es kommt von außen.

Ich weiß, du könntest jetzt nicht damit einverstanden sein. Vielleicht wirst du sogar emotional. Das wäre ein guter Zeitpunkt für die Fragen von oben. ;-)

Du könntest aber auch nur für einen kurzen Augenblick denken: „Was wäre, wenn das wahr wäre?"

Wie du bewusst ein neues Tier einlädst und dich für die Mission mit deinem Tier öffnest

von Romana Rohrer

Du kannst ein Haustier an deiner Seite mit und ohne Mission haben. Mit Mission wirst du eine noch tiefere Verbundenheit mit deinem Tier spüren können und mehr Erfüllung im Leben haben.

Wir Menschen sind Sinnwesen. Wir suchen nach dem Sinn - und wenn wir bei unseren täglichen Handlungen keinen finden können, dann sind wir frustriert. Vielleicht hast du dir die Frage über den Grund, warum dein Tier bei dir ist, noch nie gestellt. Vielleicht fühlst du aber auch, dass es einen tieferen Grund gibt, und du möchtest ihn heute bewusster herauskitzeln.

Gleich mal vorneweg: Alles ist möglich!
Diese Erfahrung habe ich schon im Kindesalter gemacht, nur das dazugehörige Wissen kam erst viel später. Dieses Wissen möchte ich hier mit dir teilen.
Wie also habe ich die Erfahrung gemacht, dass ich Einfluss auf meine Realität und was ich darin erlebe habe?

Einer meiner größten Wünsche als Kind war es, einen Hund zu haben. Für meine Eltern jedoch nicht unbedingt denkbar. Zumal ja die Verantwortung für das Tier bei den Erwachsenen liegt. Aber nichtsdestotrotz habe ich es geschafft, dass wir einen Hund bekamen. Jedoch nicht mit Betteln und Überreden, nein, das hat bei meinen Eltern nicht funktioniert. Es war viel magischer. Unser/mein erster Hund zog bei uns ein, als ich 13 Jahre war.

Wir mussten einen Welpen von einer Tante in der Steiermark zur Oma in Oberösterreich transportieren. Dies war ein Ausflug von zwei Stunden Autofahrt in jede Richtung.

Uns Kindern wurde klar kommuniziert: „Dieser Hund ist für Oma" - und mit diesem Gedanken gab ich mich damals zufrieden. Immerhin war es besser als kein Hund. Die Heimreise mit einem kleinen Welpen im Auto war aufregend und hat wohl für meine Eltern gereicht, dass sie sich umentschieden. Vermutlich hatte der kleine Welpe hier schon kräftig mit kreiert. Kurz vor der Ankunft dachten wir schon über den Namen für unser neues Familienmitglied nach. Dies war meine erste zufällige Kreation meines Haustiers. Rambo war ein wundervoller Begleiter in meiner Pubertät.

Bei einem weiteren Besuch bei meiner Tante in der Steiermark in den Ferien lernte ich den Hund ihres Schwagers kennen. Goldi war eine Staffordshire Bullterrier Hündin. Sie saß den ganzen Nachmittag auf meinem Schoß und ich hatte mich sofort schockverliebt. Ich wollte unbedingt einen Welpen von dieser Hündin. Was schrieb ich also in mein Tagebuch?

„Ich wünsche mir einen Staffordshire Bullterrier und Mama und Papa sollen es bitte erlauben."

Naja, wie man sich denken kann, waren meine Eltern von einem sogenannten Kampfhund für ihre 14-jährige Tochter nicht so angetan. Somit gab es auch keinen Staffbull für mich.

Ich wurde älter und irgendwann keimte der Wunsch nach einem ganz eigenen Hund. Lio war mein erster eigener Hund. Ich wollte damals unbedingt einen Welpen von Rambo, auch das erfüllte sich. Durch meinen starken Wunsch gab es viele „Zufälle" in meinem Leben. Und da alles möglich ist, bekam ich bald einen Welpen von Rambo.

Ein paar Jahre später saß ich vor meinem PC und dachte nach: Wenn ich wieder einen Hund bekommen würde, welche Rasse würde ich dann wollen? Das war meine Frage.
Mein Blick schweifte über die Liste der Hunderassen und blieb bei einer hängen: STAFFORDSHIRE BULLTERRIER
Mein Herz überschlug sich und ich wollte diesen Hund haben. Ich war nur nicht mehr alleine. Ich war verheiratet, wir hatten zwei Kleinkinder, einen Hund (Lio) und zwei Katzen. Es war also

nicht so einfach. Doch mein Herz hatte eine klare Botschaft. Es muss diese Rasse sein.

In dieser Phase meines Lebens hatte ich mich schon eingehend mit dem Thema Realitätsgestaltung beschäftigt. Nun war der Tag gekommen, mein Wissen in der Praxis anzuwenden. Zum damaligen Zeitpunkt war mir noch gar nicht bewusst, dass ich es zuvor in meiner Kindheit und Jugend schon zweimal geschafft hatte, mir einen tierischen Begleiter zu erschaffen.
Ich machte mich also an das „bewusste Erschaffen" meines Staffordshire Bullterriers.

Ich schrieb, ich visualisierte und ich kontaktierte Züchter. Bald darauf fand ich auch eine Züchterin. Doch sie hatte zuerst nur Rüden, dann nicht die Farbe, die ich wollte und so zog es sich dahin. Ich hatte ein klares Bild von meinem tierischen Begleiter. Es war eine Hündin und sie war grau.
Beim nächsten Wurf bot sie mir eine schwarze Hündin an. Ich begann schon zu wanken, denn süß waren sie ja allesamt. Aber nein, mein Mann erinnerte mich an meine Vision, die ich aufgeschrieben hatte. Dann kam der dritte Wurf (immer diese Warterei!).

Endlich, ich sah schon auf den Bildern in Facebook, es waren graue Hündinnen dabei, juhu! Ich freute mich tierisch! Nun konnte es nicht mehr lange dauern, bis sich mein Kindheitstraum erfüllt. Pustekuchen! Auf mein Anfragen hin erklärte mir die Züchterin, sie gäbe dieses Mal keine grauen Hündinnen her und wenn, dann nur an Züchterkollegen. Ich war am Boden zerstört und heulte, ich zweifelte und war wütend. Aber all das änderte nichts. An diesem Tag musste ich den Traum loslassen.

Kurz darauf fand ich einen neuen Züchter. Er hatte gerade einen Wurf, darunter war auch eine graue Hündin. Allerdings war sie schon reserviert und sollte nach Russland gehen. Wir fuhren trotzdem hin, denn zu diesem Zeitpunkt dachte ich: „Es macht ja keinen Sinn, wenn ich mich jetzt an der Farbe aufhänge." Übers

Geschlecht habe ich aber nicht mit mir verhandeln lassen!

Beim Züchter war es für mich wichtig, dass ich mich in die Energie der braunen Hündin hineinfühlen konnte. Ich wusste genau, wie sich mein Hund anfühlen sollte. Mein Mann beschäftigte sich derweilen mit der grauen Hündin. Dann tauschten wir, er wollte sich ja auch in unsere zukünftige Begleiterin hineinfühlen. Als ich die graue Hündin auf meinen Arm nahm, entspannte sich das Gefühl noch tiefer, es entstand ein tiefer innerer Frieden in mir. Ruhe und ein Gefühl von Ankommen machten sich in mir breit. Indiz genug, wäre sie frei gewesen.

Ich sagte damals zu meinem Mann: „Schade, dass sie nicht mehr frei ist, sie ist es!" Der Züchter hörte meine Worte und reagierte damit, dass er den Raum verließ. Als er zurück kam, meinte er: „Ich habe die Dame, die sie reserviert hatte, nun mehrmals kontaktiert und erreiche sie nicht mehr. Wenn ihr wollt, könnt ihr sie haben." Ich traute damals meinen Ohren nicht. Mein Herz machte wieder einen Sprung. Der Moment der Erfüllung war gekommen. Es war das gleiche Gefühl, wie damals bei Goldi und als ich beim PC saß. Nur jetzt war es real, zum Anfassen und echt!

Hier war sie, meine graue Staffordshire Bullterrier Hündin RONJA!

Dies alles geschah 17 Jahre, nachdem ich meinen Wunsch mit 14 Jahren in mein Tagebuch geschrieben hatte.

Vielleicht denkst du jetzt, das alles wäre ein Zufall, aber ich glaube schon lange nicht mehr an Zufälle. Die Übung für das bewusste Erschaffen wird es auch dir ermöglichen, das Unmögliche möglich zu machen. Wohlgemerkt muss es bei dir nicht ganz so lange dauern, wie bei mir. Ich hatte dazwischen einiges zu erledigen, Familiengründung und so Sachen!

Hier nun meine Übung, mit der du genau DEIN Tier manifestieren kannst. Bei mir kamen die Impulse über die Rasse, das muss aber auch gar nicht so sein. Es geht vielmehr um das Gefühl, welches du spürst, wenn du an deinen tierischen Begleiter denkst.

1. Schreibe deinen Wunsch auf. Formuliere ihn klar, bewusst und positiv.
2. Unter deinen Wunsch schreibst du:

Das sind die Gründe, warum ich es mir wünsche...

Dann zählst du alle Gründe auf. Schreibe so lange, bis nichts mehr kommt.

3. Darunter schreibst du dann folgendes:

Das sind die Gründe, aus denen ich überzeugt bin, dass ich es auch bekomme...

Auch hier zählst du alle Gründe auf, bis der Strom an Impulsen versiegt.

Nun kannst du es an einem Ort aufbewahren, der sich für dich stimmig anfühlt. Vielleicht möchtest du den Zettel immer bei dir tragen, vielleicht schreibst du ihn in ein schönes Buch. Höre einfach auf dein Gefühl.

Lies dir deinen Wunsch und die Gründe jeden Tag durch. Fühle dich hinein. Wie wird es sich anfühlen, wenn dein Tier bei dir lebt? Sei dir sicher, dass es so sein wird. Wann spielt keine Rolle. Es wird sein!

Wisse es bereits jetzt und vertraue.

Es kann sein, dass sich im Außen in deiner Realität Situationen und Begebenheiten zeigen, die dir das Gefühl geben, dass es nicht funktioniert. Dein Job ist es dann, den Zettel zu lesen und zu vertrauen.

Mein Tipp für dich: Glaube nichts, was im Außen dagegenspricht. Die Materie braucht manchmal etwas Zeit, um sich zu verändern. Dinge müssen umsortiert werden, damit du erhältst, was du möchtest. Vielleicht muss dein Tier ja erst gezeugt werden. You never know!

Du hast es bei mir gelesen: Es gab Momente, da dachte ich, es soll wohl nicht sein, aber ich habe daran festgehalten. Ich habe mir jeden Tag in der Badewanne meine Gründe durchgelesen. Badewanne klingt vielleicht witzig für dich, aber es war der Ort, wo ich entspannt war und meine Ruhe hatte (ich hatte damals ja zwei Kleinkinder, da ist es nicht immer so mit der Ruhe).

Du kannst ihn auch abends kurz vor dem Einschlafen oder gleich morgens nach dem Aufwachen lesen, dort ist dein Geist besonders aufnahmefähig und noch nicht vom Alltagsgeschehen in Beschlag genommen. Finde den für dich richtigen Ort und die richtige Zeit. Denke nicht zu viel darüber nach. Du kannst es auch machen, wenn du in der Straßenbahn zur Arbeit fährst. Nur mach es täglich. Das müsste dir ganz leicht gelingen, immerhin geht es um deinen Herzenswunsch.

So sah das Ganze bei mir aus:

Staffordshire Bullterrier

Das sind die Gründe, aus denen ich es mir wünsche, ...

1. Weil es so ein liebevoller Hund ist.
2. Weil er Heilung in die Herzen der Menschen bringt.
3. Weil er mir Liebe schenkt.
4. Weil mir dieser Hund so gut gefällt.
5. Weil ich mit dieser Rasse züchten möchte.
6. Weil er mein Herz öffnet und berührt.
7. Weil ich gerne mit Hunden bin.
8. Weil ich mit diesem Hund als Therapiehund arbeiten will.
9. Um den Menschen zu zeigen, dass dies eine liebevolle, großartige Rasse ist.

Dies sind die Gründe, warum ich überzeugt bin, dass ich es

haben werde, ...

   1. Weil ich abwarten kann, bis der richtige Hund zu uns kommt.
   2. Weil meine Gedanken und Gefühle meine Realität erschaffen
   3. Weil ich schon so vieles, was ich mir gewünscht habe, bekommen habe.
   4. Weil ich ein positives Gefühl habe.
   5. Weil dieser Hund einfach in mein Leben gehört.
   6. Weil ich es wert bin, alles in meinem Leben zu bekommen.

Wie du sehen kannst, habe ich es sehr einfach gehalten. Schreibe einfach aus deinem Herzen heraus.

Denke immer daran: Zweifel storniert die Bestellung.

Durch diese Liste wusste ich an dem Tag, an dem ich „mein Tier" das erste Mal getroffen hatte, genau, dass sie es war. Ich habe mich die Wochen zuvor durch das Lesen der Liste immer wieder mit der Energie meines Tiers verbunden.

In der Zwischenzeit ist Ronja 9 Jahre alt und wir haben schon so einiges gemeinsam erlebt. Erst im letzten Jahr wurde mir bewusst, dass ich damals, als ich das geschrieben habe, ganz unbewusst bereits unsere Mission aufgeschrieben habe.

Die Herzen der Menschen zu öffnen. Mein Herz zu öffnen. Sie hat mich gleich ein Jahr, nachdem sie bei mir eingezogen war, auf den Weg gebracht, die Ausbildung zur Emotionaltrainerin zu machen.

Ein Weg, der dich absolut in dein Gefühl bringt, weit weg von deinem Verstand und hinein in dein Herz.

So können wir beide nun unterwegs sein mit unserer gemeinsamen Mission, die Herzen der Menschen zu öffnen.

Ronja hat eine Energie, die sie umgibt, die alle Herzen dahinschmelzen lässt. Ich habe noch niemanden getroffen, der ihr widerstehen konnte. Wir arbeiten nicht als klassisches Therapiehundeteam, jedoch ist sie immer dabei, wenn ich mit meinen Klienten arbeite und sie coacht fleißig mit. Dabei war ich zum Zeitpunkt, an dem ich meinen Wunsch aufgeschrieben hatte, selbst noch gar kein Coach. Du siehst also: Du kannst auch gleich vorneweg eure gemeinsame Mission mit in deine „Bewusstes Erschaffen Sequenz" nehmen.

Was machst du nun, wenn du schon ein Tier hast und du möchtest eure Mission herausfinden?

Zuerst einmal, wie immer ganz entspannt und stressfrei. Oberstes Prinzip! Mach dir keinen Druck und beginne, dich zu beobachten. Dazu lies die Übung im Kapitel *Wenn dein Tier ausziehen möchte*. Bei dieser Übung lernst du, dich selbst bewertungsfrei zu beobachten.

Beobachte dich jedoch auch im Alltag, schau zurück in deine Vergangenheit.

Schreibe dir eine Liste über die Dinge, die dir mit deinem Tier besonders viel Freude bereiten. Was macht deinem Tier besondere Freude? Wo beginnst du zu strahlen?

Dann schreibst du eine zweite Liste: Welche Dinge kannst du gut und welche Dinge kann dein Tier gut. Dabei ist es auch wichtig, dein Tier im Umgang mit anderen Tieren bzw. mit anderen Menschen zu beobachten.

Dann verteilst du auf jeder Liste Plätze. Jede Position bekommt eine Nummer, je nach Wichtigkeit. Bitte beide Listen beim Durchnummerieren getrennt behandeln.

Wenn du fertig bist, nimmst du die ersten drei Positionen von der Liste, was euch Freude machen und die ersten drei Positionen von der Liste, was ihr gut könnt. Du kannst es sogar extra für dich und extra für dein Tier machen, wenn das für dich stimmig ist. Ansonsten bleibst du bei einer gemeinsamen Liste. Jetzt siehst du, wo euer Potenzial liegt - und genau das ist eure gemeinsame Mission.

Du kannst nun spielerisch einen Satz kreieren, der ungefähr so lauten könnte:
Unsere Mission ist es, unsere Freude und unsere Verspieltheit einzusetzen, um anderen zu helfen, mehr Leichtigkeit in ihrem Leben zu haben.

Das Schöne an der Mission ist: Sie ist für jedes Mensch-Tier-Team einzigartig und auch wenn du mehrere Tiere hast, kann es sein, dass du selbst eine Grundmission hast, die dann durch die Tiere noch verfeinert wird. Denn durch unsere Tiere kommen wir selbst immer mehr zu uns. Wir lernen von und mit ihnen, entwickeln neue Fähigkeiten und veredeln unseren Charakter.

Dies kann manchmal auch anstrengend und nervend sein, wenn du vielleicht zum hundertsten Mal von deinem Tier darauf aufmerksam gemacht wirst, geduldiger zu sein. Genau dann ist eine Mission so hilfreich. Sie lässt dich dranbleiben, auch wenn du schon lange aufgeben möchtest. Du weißt einfach, du hast eine Verantwortung und eine Aufgabe, die du mit deinem Tier gemeinsam auf diesen Planeten bringen darfst.

Du und dein Tier, ihr werdet gebraucht mit eurem Leuchten. Es ist kein Zufall, dass ihr zusammen seid und dass ihr eine gemeinsame Geschichte teilt.

Also, welcher Beitrag möchtest du mit deinem Tier gemeinsam sein?

Lass dich von deiner Intuition und von deinem Tier leiten.
Behalte einen Gedanken immer im Hinterkopf:

ALLES IST MÖGLICH

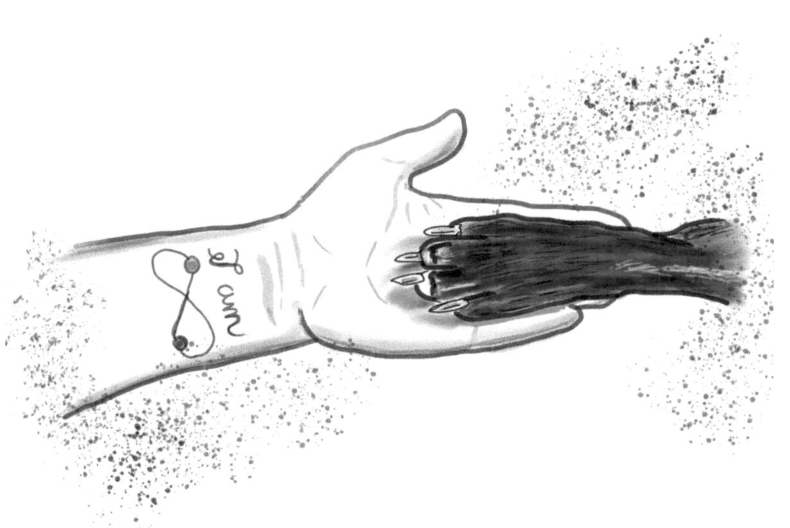

Der Kern deines Tiers - Zurück zum Ursprung

von Kirsten Jeude

Kennst du den Bewohner deines Tiers? Ich meine das Wesen, das seinen Körper leihweise bewohnt.
Weißt du, wer es wirklich ist?
Wer bist du selbst in deinem Inneren?
Diese Frage, bezogen auf dich selbst oder auch dein Tier betreffend, zu beantworten, fällt oft schwer.

Unser Leben ist durchzogen von Erwartungen anderer, die wir zu erfüllen haben oder aber auch Erwartungen, die wir an unser Gegenüber haben. Dass wir unseren eigenen Kern vergessen und klein machen, beginnt schon sehr früh in unserer Kindheit.
Wir waren brav, oder nicht brav, haben unsere Hausaufgaben gemacht, waren nett zu Tante und Onkel, haben Geschenke für Menschen verschenkt, weil wir selbst einmal was von ihnen erhalten haben. Wir haben mit Kindern gespielt, die wir eigentlich doof fanden oder mussten einen Sport machen, der uns nicht wirklich glücklich gemacht hat. Meist waren wir auch nicht besonders gut in diesen Dingen.
Vielleicht bist du beruflich ja auch in die Fußstapfen deiner Eltern/Großeltern getreten?

Man hat uns beigebracht, Angst zu haben, Scham zu empfinden, an sich selbst zu zweifeln.

Sprüche wie: „Du kannst das eh nicht, lass mich mal machen"; „Du bist zu schwach, dumm, zu krank, zu groß, zu klein" ...; „so kannst du das nicht machen";

Kommt dir das bekannt vor?

In unserem Leben haben wir uns angepasst ... um nicht aufzufallen oder um zu gefallen.

Ich kann mir nicht vorstellen, dass jemand von euch zu seinen Eltern gesagt hat: „Hey Mama, Papa, ich mach es ab sofort wie Pipi Langstrumpf, und mache was, und wie es mir gefällt! Ich bin dann mal weg!"

Vielleicht hast du diese Rolle ja kurz im Kinderspiel gespielt? Wie hast du dich dabei gefühlt? Stark und frei? Du konntest du sein, stimmt's?

Was hat das jetzt mit deinem Tier zu tun?

Welche Rolle spielt das Wesen in ihm für dich? Welche Regeln, Projektionen und Bewertungen, die es von dir und seiner Umwelt bekommt, hat es übernommen und hat sein Wesen damit klein gemacht?

Wenn du jemandem dein Tier beschreiben würdest, wie würdest du es beschreiben?

Vielleicht kommen dir gerade Gedanken wie:
Sie/Er ist mein Seelenverwandter, meine Lebensquelle, mein Angsthase, mein Leinenzerrer, mein Bettler, mein Beschützer, mein ...

Ist es eine bestimmte Rasse, der man XY nachsagt?
Ein Tier aus dem Tierschutz, was traumatisiert ist?

Hat es vielleicht körperliche Themen wie Allergien, Hot-Spots, Verdauungsprobleme, Themen mit dem Bewegungsapparat etc.?

Wie oft projizierst du unbewusst etwas, was nicht zu dem Wesen in deinem Tier passt?

Wie oft projizieren wir sogar Verhaltensweisen auf unser Tier, indem wir es bereits bei Begegnungen mit Artgenossen mit „Untertiteln" vorstellen? („Das ist Bello... der ist ein kleiner Schisser"

...etc.)

Natürlich spielen hier die Erfahrungen, die wir mit unseren eigenen Tieren machen, eine ebenso große Rolle, wie das, was unsere Tiere von uns übermittelt bekommen, ein bestimmtes Verhalten auch zu zeigen.

Wir alle übertragen meist unbewusst Gedanken und Gefühle auf unsere Tiere, die diese Energien mit ihren hochsensiblen Antennen sofort wahrnehmen und meist auch sofort umsetzen.

Aber ist das, was du in deinem Tier siehst, wirklich das Wesen, das es wirklich ist?

Ihm ergeht es oftmals ähnlich wie dir, wenn man dir früher vielleicht etwas nicht zugetraut hat, du Leistung erbringen musstest, funktionieren solltest. Das innere Wesen zieht sich zurück und macht sich klein. Dabei ist es so viel größer, als du es dir vorstellen kannst. Denn wer kann sich schon die Unendlichkeit vorstellen?
Das Wesen in deinem Tier ist, genau wie dein eigenes, unendlich.

Wäre es dann nicht jetzt an der Zeit, es einmal auszuweiten? Was kann schon passieren? Im schlimmsten Fall wird dein Tier zu dem, was es im Kern bereits ist.

Wie wäre es für dich, wenn es plötzlich weniger ängstlich, aggressiv, krank etc. ist?
Wie wäre es für dein Tier, das sein zu dürfen, was es wirklich ist?

Du kannst dir noch nicht vorstellen, dass eine kleine Übung alles Verändern kann?

Dann möchte ich dir vorher einmal von meiner Hündin Marie erzählen.

Marie kam 2016 mit 3 Jahren als „nordischer Mix" aus dem Tierschutz zu mir. Sie war verunsichert in allem, was ihr begegnet ist, denn die meiste Zeit ihres Lebens verbrachte sie im Shelter-Zwinger.

Ich selbst habe ihr eingeredet, dass sie ein Angsthund ist. Mir war damals gar nicht bewusst, dass ich meine eigenen Ängste auf sie geladen habe.

Erst, als ich einen neuen Weg einschlagen musste, weil all das Konventionelle nicht funktionierte, wurde mir klar, dass sie ein Wesen war, was erst einmal Zeit brauchte, um sich an etwas Neues zu gewöhnen. Sie war in vielem unsicher, aber nie ängstlich. Sie war zurückhaltend, aber nie devot.

Im Gegenteil. Marie war, und ist es immer noch, ein sehr höfliches Wesen. Nie übergreifend, nie übertrieben und klar in ihren Aussagen.

Als ich all das begriffen hatte, wurde mir klar, dass ich ihr Wesen eingeengt habe. Auch ihr Verhalten wurde von mir unbewusst beeinflusst, denn auch ich habe Entscheidungen für sie getroffen. Entscheidungen, die ihr Wesen klein gemacht haben. Ich selbst habe von ihr eine ganze Weile Verhaltensweisen erwartet, weil sie ja auch einen „Nordischen" in sich hatte.

Ich liebe Huskys über alles. Ihr eigenständiges und ursprüngliches Denken, ihre Art, für ihre Bedürfnisse einzustehen, machen diese Wesen ja auch ein Stück weit besonders.
Aber irgendetwas passte nicht. Marie war nicht besonders gut in ihrer Husky-Mix- Rolle. Welches Wesen steckte da noch in ihr, was es Wert war, sich zu entfalten?

Nachdem ich energetisch und durch Animal Creation Marie die „Erlaubnis" gegeben habe, das zu sein, was und wer sie ist, begann sie sich zu verändern. Sie, bzw. das Wesen in ihr, wurde größer, freier und ausgeglichener. Ihr komplettes Äußeres wandelte sich in ein anderes Wesen, das kaum noch an den nordischen Mischling erinnert. Ihr Körper, ihr Fell und ihr Verhalten haben sich zu dem Entwickelt, was ihr Wesen ist.

Auch unsere Kommunikation und Seelenverbindung wurden auf eine neue Ebene für einen neuen Weg katapultiert.

Oftmals machen wir Tiere bewusst oder auch unbewusst zu dem, was sie nach außen hin sind. Ein traumatisiertes Tier wird es immer bleiben, weil man es immer als solches behandeln wird. Aber ist das Wesen in ihm wirklich traumatisiert?
Ist ein „Listenhund" wirklich ein Kampfhund oder ist er es, weil er auch nach einer Resozialisierung immer noch mit Vorsicht behandelt wird? Ist das Wesen in ihm wirklich ein gefährlicher Kämpfer oder wurde der wahre Kern nur durch Projektionen und Bewertungen so klein gemacht, dass er kaum noch zu erkennen ist?

Bist du bereit, das Wesen, den Kern, in deinem Tier auszuweiten und kennenzulernen?

Dann lade ich dich zu einer kleinen Übung ein. Solltest du noch nicht bereit sein, blättere einfach weiter, lies ein weiteres Kapitel und komme zurück, wenn du soweit bist.

Übung:
Betrachte dein Tier einmal ganz bewusst. Mache dir vielleicht sogar ein paar Notizen.

Was denkst du über dein Tier? Welches Verhalten hat es in Situation XY? Das können Notizen sein wie z.B.: Es mag keine schwarz gekleideten Männer, es kann XY (noch) nicht, es hat Ritual XY, es frisst nur XY, es ist ein ängstlicher Hund, es zieht immer an der Leine, wenn..., wenn ich es von der Leine ab mache, läuft es weg und wird nicht zurück kommen etc. etc.
Natürlich kannst du dies auch für dein Pferd oder Katze anwenden.

Was denken andere von deinem Tier? Denken sie, dass es unerzogen, stürmisch, zurückhaltend etc ist?

Unterstellen sie dir vielleicht, dass du es nicht im Griff hast und mal einen Profi dran lassen müsstest?
Frage auf deinem nächsten Spaziergang/Ausritt doch einmal ganz gezielt danach. Frage: „Wie siehst du meinen Hund/Pferd und wie schätzt du es ein?" (Du kannst mir glauben, dass es so manch überraschende Antwort gibt.).

Berühre dein Tier einmal ganz bewusst. Spüre, wie es atmet, wie sein Herz schlägt, rieche an ihm und stell dir einmal vor, das Wesen, der Kern deines Tiers, sei ein Reiskorn. Auf diesem Reiskorn heften magnetisch alle Bewertungen, Projektionen, Vorurteile, Meinungen, Erwartungen und Vorstellungen.

Stelle dir vor, du hast einen Schalter, um dieses Magnetfeld auszuschalten. Schalte es aus!
Spürst du, wie das Reiskorn immer klarer wird? Spürst du, wie einiges einfach abfällt?
Nimm das Reiskorn gerne in deine Hand und spüre seine Größe. Senke einmal deine eigenen inneren Barrieren und betrachte es erneut.

Weite das Reiskorn (den Kern deines Tiers) gedanklich auf die Größe einer Erbse und erlaube dem Kern, sich selbst weiter auszuweiten.
Vielleicht spürst du, dass es schwerer wird? Vielleicht spürst du, wie es in deinen Händen immer weiter wächst?
Halte es nicht zurück und öffne deine Hände, damit es darüber hinauswachsen kann.
Spüre einmal, wie es sich immer weiter ausweitet. So weit, dass es über den Erdball hinauswächst und die Erde nun sogar in ihm ist.
Das Wesen, der Kern in deinem Tier, ist unendlich.

Welche Projektionen, Bewertungen, Meinungen, Vermutungen, Ängste etc. passen jetzt noch zu ihm?
Erlaube deinem Tier, alles, was nicht zu ihm gehört, einfach gehen zu lassen.

Was kommt zurück, wenn du den Magneten wieder anschaltest und sich die Pole sortiert haben?

Erlaube deinem Tier, in seiner vollen Größe das zu sein, was es im Ursprung immer schon war.

Bist du bereit, wahre Verbundenheit mit deinem Tier zu leben?

von Rabea Groß

Hauptsache gesund

Mein erstes eigenes Pferd im Stall. Viele Jahre nach dem ersten Gedanken daran hatte ich meinen Wunsch umgesetzt.
Wenn wir uns sahen, freuten wir uns ganz offensichtlich beide. Aber wir waren auch noch skeptisch und introvertiert. Wenige Tage nach seiner Ankunft musste ich wegen einer geschwolenen Backentasche den Tierarzt holen. Bei dem typischen allgemeinen Untersuchungsgang stellte der Arzt fest, dass mein Pferd einen Herzfehler hat. Was nun?

Ich hatte ursprünglich nach einem gesunden Pferd gesucht. Größe, Farbe, Rasse waren egal, aber gesund sollte er sein. Und jetzt das. Ich habe lange überlegt, ob ich ihn zurückgeben soll. Unser Verhältnis war nach wie vor skeptisch. So richtig wurden wir nicht miteinander warm. Irgendetwas war da, was uns beide festhielt oder bremste ...
Dann wurde sein Verhalten zunehmend unangenehmer. (Ich beschreibe es in dem Kapitel *Wie Pferde mir mein Ich zeigten*) Aufgeben wollte ich ihn nicht, aber ein krankes Pferd wollte ich auch nicht.

Ich beauftragte eine Tierkommunikatorin. Sonja Neuroth. Sie stellte fest, dass mein Pferd schon früh von seiner Mutter weg musste. Da ich mich ihm nicht geöffnet habe, weil ich nicht wusste, ob er bei mir bleibt, hat er sich auch nicht mir gegenüber geöffnet.

Als Herden- und Fluchttier ist die oberste Priorität eines Pferdes die Sicherheit. Wenn ein Pferd spürt, dass es nicht in Sicherheit ist, dann kann es nicht entspannen und vertrauen. Theoretisch wusste ich das alles, aber dass er meine Gedankenspiele wahrnehmen konnte, das haute mich schier um. Meine Reaktion darauf war für mich ganz natürlich: Es tat mir unendlich leid und ich heulte. Wie konnte ich das nur einem so wunderbaren Wesen antun. Der Druck musste erst einmal raus.

Also, jetzt war einiges klarer. Wie sollte sein und mein Weg weiter gehen? Es stand ganz klar vor mir: DU bleibst bei mir, egal wie gesund oder krank du bist. Wir bekommen das hin! Ich hatte in den Jahren so viel Wissen angehäuft, darauf konnte ich wunderbar zurückgreifen.

Ab genau diesem Augenblick änderte sich bei uns beiden etwas. Es war greifbar. Seine Augen wurden glänzender, er wurde verspielter, er wurde stolzer. Auch wurde er eigensinniger und hatte allerlei Flausen im Kopf, die er sich nun zutraute.

Eine Trainerin sagte, dass sei oftmals bei Pferden, die im Leben "ankommen". Bisher haben sie brav das getan, was von ihnen verlangt wurde. Wenn sie bei ihrem Menschen ankommen und sich verbunden und verstanden fühlen, dann erblühen und erwachen sie.

Das war ein wunderbares Bild. Lieber wollte ich einen eigensinnigen, kleinen Kerl aushalten, als ein funktionierendes Pferd ohne Meinung. Es war der Anfang einer zauberhaften Verbundenheit.

Die Tierkommunikation von Sonja hat so viel Licht in unsere Gemeinschaft gebracht, dass ich immer wieder ihren Text las. Ich wollte alles auskosten und umsetzen, was mir möglich war.

Wenn er mir gegenüber nun im Umgang so sehr vertraute, dass er überall mit hin ging und wir zu Fuß alles erleben konnten, warum konnte ich nicht mit ihm trainieren? Wenn ich ihn longieren wollte, hüpfte er lustig um mich herum. Von kreisrund waren wir weit entfernt. Wenn ich die Longe kurz nahm, um ihm erst einmal das Laufen auf einem Kreis beizubringen, wurde er schnell ungehalten.

Er kann die Nüstern vor Unmut so sehr schließen, dass sein Maul ganz spitz wird. Die Augen sind dann nur noch Schlitze und jegliche Gefäße im Gesicht werden sichtbar.

Okay, das funktioniert also nicht. Aber wenn er dann so vor mir stand, musste ich wirklich herzhaft lachen. Böse konnte ich ihm gar nicht sein. Sobald ich lachte, entspannte er sich. Das war sehr offensichtlich.

Als ich das erste Mal ein Fliegenspray benutzte und er zitternd und bebend neben mir stand, fing ich an zu singen und übte in kompletter Ruhe zu sprühen, ohne ihn zu treffen. Er entspannte sich sofort und es dauerte nicht lange, bis er das Spray akzeptierte.

Also vertraute er mir, wenn ich ihm langsam und in Ruhe etwas beibrachte! Und das mit Leichtigkeit sozusagen. Das war wieder eine kleine Erkenntnis, die uns beiden half.

Die Sache mit dem Training

Was tue ich nun mit meinen neuen Freund, wenn er sich so gegen das Training wehrt? Eines Tages sah ich aus der Ferne eine Trainerin von hinten an unserem Paddock stehen.
Ich wusste lediglich, dass sie ganz merkwürdige Dinge mit den Menschen macht und dann "funktioniert" es mit dem Pferd. Das war tatsächlich alles. Und Mensch und Tier sahen unglaublich zufrieden aus, das Pferd sah sehr gut trainiert aus. Ich sprach sie einfach an, ob sie noch Kapazitäten frei hätte. Sie half uns beiden, zueinander zu finden und mehr Sicherheit im Umgang miteinander zu haben. Wir haben bei ihr Natural Horsemanship gelernt.

Heute weiß ich, dass es da sehr große Unterschiede in der Art und Umsetzung gibt. Intensiv kann ich auf dieses Thema aus Platzgründen allerdings nicht eingehen.

Eins der für mich elementaren Dinge ist, dass ich meinem Pferd in einer Art begegnen sollte, dass es mich versteht. Wenn ich ansatzweise pferdisch mit ihm umgehe und kommuniziere, gibt es weniger Missverständnisse und mehr Verbundenheit.

Bisher hatte ich gelernt, wie ich ein Pferd so konditioniere, dass es das tut, was ich möchte. Das war nun eine völlig neue Herangehensweise für mich. Die Trainerin zeigte mir anschaulich, lustig und kurzweilig, wie ich mich klar ausdrücken kann, präsenter werde und Ruhe ausdrücke und seine Bedürfnisse verstehe und mit einbinde..

Pferde als Fluchttiere reagieren auf jede kleinste Regung und Schwingung. Da mein Pferd ständig mit Stress und Aktivität reagierte, war eine meiner Aufgaben, diese Aktivität mit Ruhe und Leichtigkeit zu kanalisieren und somit Sicherheit zu geben.

Kennst du solche Situationen, wo dein Partner Pferd hektisch und aktiv ist und es doch einfach stehen bleiben soll?

Übe es, indem du nicht dein Pferd darauf trainierst, sondern ihm immer wieder anbietest, dass es bei dir Ruhe finden kann. Wie du das machen kannst?

Hier sind zwei Möglichkeiten, die du im Kopf abgehen kannst:

Bist du gerade entspannt?
Nein ➔ Kennst du die 3-Punkt-Übung?

Konzentriere dich auf 3 Stellen an deinem Körper zeitgleich (z.B. deine Atmung, deine Füße auf dem Boden, eine Hand, die deinen Körper berührt). Du wirst automatisch präsent und entspannt.

Ja ➔ Prima, dann kannst du jetzt nach deinem Pferd schauen. Wenn es ein aktives Pferd ist, wirst du es wahrscheinlich nur mit Druck zum stehenbleiben bringen können. Das ist aber hier nicht das Ziel. Du möchtest ja, dass es entspannt ruhig ist und nicht konditioniert wird, angespannt ruhig zu stehen.

Du kannst dein Pferd z. B. mit folgender Möglichkeit in die Ruhe bringen: Spiele mit ihm! Viele kleine, flotte Wendungen und

Tempiwechsel, die beide Gehirnhälften aktivieren, werden helfen, dass dein Tier sich auf dich konzentriert, Freude daran findet und sich dir noch mehr anvertraut. Zwischen den Spielen kommst du immer wieder entspannt zur Ruhe.

Dazu gibt es reichlich Literatur oder du sprichst uns an.

Durch diese neue Herangehensweise gab ich meinem Pferd die Möglichkeit, mir zu folgen, wenn er es möchte. Ja genau, wenn er es möchte. Das widerstrebt anfangs natürlich einem Menschen, der gelernt hat, alles kontrollieren zu sollen.
Aber das war genau unser Weg. Es spürte und spürt sich auch heute noch schön und passend an. Das Wunderbare ist: Er liebt es, sich mir anschließen zu können. Natürlich fragt er auch, ob ich mich ihm anschließen möchte. Dem gebe ich mich hin und wieder hin. Dieses Verhalten von mir gibt ihm sehr viel Selbstsicherheit und Vertrauen.

Das gehört alles zu einem natürlichen Herdenverhalten. Heute weiß man, dass die Hierarchien wabernd sind und nicht einer absoluten Struktur gehorchen. Das ist Leben.

Ich wollte mehr davon lernen und auch mein Pferd sollte noch einmal entspannt und mit Blick auf seine Persönlichkeit eingeritten werden. Ich konnte das nur klassisch, aber ohne diese für mich neue Herangehensweise. Also ging er mit seinem Freund auf die Reise.

Wir vier freundeten uns immer mehr an und diese Verbundenheit machte uns unglaublich stark. Auch hier war es wie mit unserer Trainerin: Wir Menschen mussten noch sehr viel lernen. Es war alles bereits in uns, aber wir hatten noch nicht das Verständnis für unseren Körper, Geist und die Emotionen.
Unser Trainer hat uns das so offensichtlich vermittelt, dass unsere Pferde täglich fast schon süchtig auf diese Verbindung wurden. Sie wieherten und kamen auf uns zu, wenn wir die Koppel betraten. Sie verstanden und vertrauten uns.
Die Pferde wurden dazu motiviert, mehr Verantwortung zu übernehmen. Selbstsichere Pferde, die Entscheidungen treffen, sind nicht ängstlich und gehen mit dir überall hin. Das ist ja unser Ziel.

Wieviel Verantwortung und Kontrolle gibst du deinem Tier? Als Herden-, Steppen-, Flucht- und Lauftier hat dein Pferd einige

Bedürfnisse. Kannst du diese stillen oder kompensieren? Wenn ja, versuche doch mal, dich auf das Spiel einzulassen und ihm sukzessive mehr Selbstsicherheit durch Eigenverantwortung zu geben.

Mein Pferd hat es so viel sicherer gemacht. Ganz langsam haben wir beide gelernt, wie er mich führen kann. Zum Beispiel, indem ich meine Führposition verändere. Ich führe ihn auf Rumpfhöhe oder nach einiger Zeit auch von hinten, hinter der Kruppe.

Sobald er sich daran gewöhnt hat und sich sicher führen lässt, übergebe ich ihm die Führung und er darf die Richtung bestimmen. Das funktioniert allerdings nur dann, wenn ich weiter präsent bei ihm bin und nicht aus der Verbindung heraus gehe. Ansonsten geht er direkt grasen.

Möchtest du in eurer Verbindung bleiben und benötigst manchmal noch ein Bild dazu, weil du dich ansonsten ablenken lässt? Kennst du die Seifenblase?

→ Stelle dir eine große Blase in der Farbe deiner Wahl vor, die euch angenehm umhüllt. Sie ist variabel, flexibel und dehnbar.

Diese Seifenblase hat uns schon oft geholfen, dass wir beide in der Verbindung bleiben.

Am Anfang hatte ich die Ansicht, dass mein Pferd ein unsicheres und sehr aktives Tier ist. Durch unser gemeinsames Wachsen und Erleben ist er inzwischen ein Lehrpferd für andere Pferde. Auch während meiner Arbeit als Coach unterstützt er gerne die Pferde und nimmt Kontakt zu ihnen auf. Auch mir ist er eine große Unterstützung und weist mich gerne auf Themen hin, die ich noch genauer ansehen soll. Dafür war zuallererst mein Umdenken notwendig.

Kennst du den Satz: *Meine Sichtweise kreiert meine Welt?*

Heute weiß ich, dass ich mit meinen Gedanken und Ansichten uns beide limitiert habe. Es war kein Raum für neue Möglichkeiten. Erst mit dem Öffnen und Fragen nach mehr war dies möglich.

Wie du das hinbekommen kannst?

→ Stelle Fragen:
Was ist heute für uns möglich?
Was darf in unser Leben kommen?

Und neue Ideen und Möglichkeiten werden sich zeigen. Sei gewiss!

Über die Autorinnen

Dieses Buch schrieben für dich:

Sonja Neuroth - Animal Creation Gründerin & Ausilderin
Schwerpunkt: Deine Talente mit Tieren entdecken und leben, Mensch-Tier Beziehung
Ich möchte dich mit diesem Buch bestärken, dir bewusster zu werden, wie viel du bereits intuitiv von den Tieren wahrnimmst und mitbekommst.
In jedem von uns steckt die Gabe, die Sprache der Tiere zu verstehen. Wenn du den Tieren zuhörst, tust du ihnen und auch dir selbst etwas Gutes. Dann öffnest du dich für all die wundervollen Geschenke, die sie uns geben möchten - einige dieser Geschenke liest du in diesem Buch. Vielleicht inspiriert es dich, auch selbst noch aufmerksamer mit den Tieren in de nem Alltag zu sein.

Kirsten Jeude
Schwerpunkt: Beziehungen zwischen Körper und Seele, die Signale/Sprache des Körpers auf allen Ebenen erkennen und verstehen. Tier-Seele-Körper-Mensch-Beziehungen
Als Tierphysiotherapeutin und Animal Creation Coach möchte ich dich darin bestärken, deine Wahrnehmung und Bewusstsein in Bezug auf alle körperlichen Signale, Symptome und

Probleme deines Tieres besser zu erkennen.
Ich liebe es, komplizierte Themen pragmatisch und verständlich zu vereinfachen, und dir so die Fähigkeit zu geben, die Sprache der Körper besser zu erkennen. Ich möchte dich in das Bewusstsein bringen, dass alles, was wir sagen, denken oder tun, auch immer einen direkten Einfluss auf den Körper, deines Tieres (und auf deinen eigenen) hat und dich unterstützen, deine Wahrnehmung auch als diese anzuerkennen und bewusst zu nutzen.
Die Körper unserer Tiere sprechen tagtäglich mit uns. Lerne ihre Sprache kennen.

Regina Kubik
Schwerpunkt: Keine Angst vor Tierschutztieren - Vertrauen zwischen Mensch und Tier
Mit meiner Geschichte möchte ich dich auf die wunderbaren Tiere im Tierheim aufmerksam machen, bevor du den Weg zum Züchter einschlägst. Unsere Tierheime sind überfüllt und es warten dort so viele liebenswerte  Wesen auf ein neues Zuhause, das DU ihnen geben kannst. Mir ist es wichtig, Menschen zu motivieren, ihre Tiere noch besser zu verstehen, auf ihre Bedürfnisse einzugehen und zuzuhören. Glaube an dein Tier und unterstütze es in schwierigen Momenten. Spüre dich ein in dein Tier, folge deiner Intuition und vertraue ihr. Dein Tier unterstützt dich dabei, wenn du es zulässt.
Mehr über mich: Instagram @regina.kubik

Rabea Groß
Schwerpunkt: Körperlich manifestierte Emotionen; wertvolle Partnerschaft auf Augenhöhe und Traumalösung für Mensch-Tier-Teams.
Durch meine Beiträge in diesem Buch möchte ich dir auf gesundheitlicher, emotionaler, geistiger und mentaler Ebene neue Wege zeigen. Ich möchte dich mit den Impulsen motivieren, noch mehr Freude und Leichtigkeit im Alltag zu haben. Habe Mut, deinen Weg zu gehen! Du bist nicht allein.
   Mehr über mich: www.rabea-gross.de

Kerstin Michels
Schwerpunkt: Mensch-Tier-Beziehung
Als Tiermenschen denken wir oft, wir müssten alle Entscheidungen in Bezug auf unsere Tiere alleine treffen. Das kann besonders dann belastend sein, wenn es um tierärztliche Behandlungen oder sogar das Erlösen von diesem Erdenleben geht. Leben wir eine intensive Beziehung zu unseren Tieren mit

einer guten Kommunikation, so bietet uns das die Möglichkeit, unsere Tiere in solche Entscheidungen mit einzubeziehen. Sie haben oft eine erstaunlich genaue Vorstellung von dem Weg, der für sie richtig ist. Dabei zeigen sie uns, wie eng unsere Denkweisen oft sind und wie viel leichter es sein kann, wenn wir uns für neue Möglichkeiten öffnen. Was ich selbst diesbezüglich mit meinen Tieren erlebt habe, kannst du in meinen Kapiteln nachlesen.

Lara Pauly
Schwerpunkt: Mensch-Pferd Beziehung, persönliches Wachstum mit Pferden
Eine harmonische Beziehung, in der mein Pferd und ich uns auf Augenhöhe begegnen und einander blind verstehen – das ist es, wonach ich mich gesehnt habe, seit ich denken kann. Viele Jahre habe ich gebraucht, um zu erkennen, dass der Schlüssel dazu nicht in einer bestimmten Umgangs- oder Trainingsmethode, sondern allein in uns selbst liegt.

Wenn auch du dich gerade auf der Suche nach echter, tiefer Verbundenheit mit deinem Tier befindest, dann möchte ich dich in diesem Buch dazu einladen, dir selbst und deiner eigenen Wahrnehmung in Bezug auf dein Tier zu vertrauen. Denn so individuell wie jeder Mensch und jedes Tier ist, so einzigartig ist auch eure Beziehung zueinander. Traut euch, eure eigenen Wege zu gehen. Denn diese Wege sind es, die euch zu euren ganz persönlichen Zielen führen und auf denen ihr gemeinsam wachsen dürft.

Romana Rohrer
Schwerpunkt: Dein Leben in emotionaler Unabhängigkeit mit deinem Tier gestalten, Mensch-Tier Beziehung.
Ich möchte dich mit diesem Buch bestärken, deinen individuellen, freien und freudvollen Weg mit deinem Tier zu gehen.

So viel mehr Leichtigkeit ist möglich, wenn man sich aus den emotionalen Verstrickungen befreit hat. Dies ist einfacher, als du jetzt vielleicht denkst. Stell dir nur vor, wie es wäre, ein Leben frei von emotionalen Abhängigkeiten zu führen? Mit deinem Tier und auch mit anderen Menschen.

Mehr über mich: https://wesensbluete.at

Birgit Huber
Schwerpunkt: Wie du eine friedvolle Beziehung mit deinem Pferd führst.
Mein Anteil in diesem Buch ist es, Bewusstsein zu schaffen, wie fein Pferde mit uns kommunizieren und welche Chance in einem Problemverhalten eines Pferdes verborgen liegen kann.
Dein Pferd kann dein größter Lehrmeister für Wachstum und gemeinsame Weiterentwicklung sein, wenn du bereit bist, hinzufühlen. Die Pferdeherde und ihre Energie kann dich dabei unterstützen, noch viel bewusster zu werden.

Ich möchte dich mit meinen Geschichten ermutigen, neue, friedvollere Wege mit deinem Pferd zu gehen.

Mehr über mich: Instagram @feelingwithhorses, https://feelingwithhorses.com

Zugang zum Onlinebereich

Wir haben für dich einen eigenen, internen Onlinebereich gestaltet, in dem du manche der Übungen aus dem Buch in vertonter Form findest, sowie teilweise aufbauende oder vorbereitende Übungen im Audio-Format.

Um auf diesen Bereich zuzugreifen, gehe auf folgenden Link: https://animalcreation.com/buch-intern/ und gib dort das Passwort **ACTierBuch** ein.

Weitere Möglichkeiten für dich

Dieses Buch kann erst der Anfang gewesen sein, wenn du mit deinem Pferd und den Fähigkeiten, Tiere wahrzunehmen noch weitergehen möchtest.

Innerhalb der Animal Creation Ausbildung und gemeinsam mit den Absolventen entstehen immer wieder neue Projekte.

Auf https://animalcreation.com und https://seelenfreunde-tierakademie.com findest du schon andere gemeinsame Projekte, wie z.B. unsere Impulskarten, eine kostenfrei nutzbare App mit Übungen, einen Onlinekongress uvm.

Bei all diesen Dingen ist es unser Anspruch, möglichst einfach umsetzbare Übungen weiterzugeben und dich einzuladen, wirklich wieder Freude mit deinem Tier zu haben.

Übrigens: Solltest du selbst den Ruf verspüren, mit Tieren zu arbeiten oder auch mal an einem Gemeinschaftsprojekt teilzunehmen: Auf den Seiten findest du auch die Termine für die jeweils nächste Animal Creation Ausbildung und wie du dabei sein kannst!

Alles Gute für dich und dein Tier - auf dass ihr das Team werdet, was ihr schon immer sein wolltet!